銀 行 法 釋 義

楊承厚編著

學歷：國立東北大學經濟系畢業
　　　美國威斯康辛大學經濟學碩士
經歷：中央銀行經濟研究處處長、業務局局長
　　　臺灣銀行總經理
　　　臺灣省合作金庫理事長
　　　臺北市銀行董事長
　　　臺灣中小企業銀行董事長
　　　國立政治大學、臺灣大學兼任教授
　　　銘傳商業專科學校專任教授
　　　銘傳管理學院董事及兼任教授

三 民 書 局 印 行

國家圖書館出版品預行編目資料

銀行法釋義/楊承厚編著. --修訂三版
. --臺北市：三民，民82
　　　面；　　　公分
　　附錄：銀行法
　　ISBN 957-14-0033-5 （平裝）

　　1.銀行-法令、規則等　2.法律-中國
　　I.楊承厚編著

　　562.12/8674

網際網路位址　http://www.sanmin.com.tw

© 銀行法釋義

編著者　楊承厚
發行人　劉振強
著作財產權人　三民書局股份有限公司
發行所　三民書局股份有限公司
　　　　地址／臺北市復興北路三八六號
　　　　郵撥／○○○九九九八一五號
印刷所　三民書局股份有限公司
門市部　復北店／臺北市復興北路三八六號
　　　　重南店／臺北市重慶南路一段六十一號
初版　中華民國七十八年九月
修訂二版　中華民國八十一年三月
修訂三版　中華民國八十二年十月
修訂三版二刷　中華民國八十九年十月
三一一刷

編　號　S 56162
基本定價　叁元陸角
行政院新聞局登記證局版臺業字第○二○○號
著作權執照臺內著字第七六七八五號

有著作權·不准侵害

ISBN 957-14-0033-5 （平裝）

自 序

　　銀行法爲規範銀行制度、業務、經營及管理之法律。現行銀行法自民國六十四年七月公布實施以來，迄今已有十四年的歷史。在這段時期裏，此一全文一百四十條的法律，已經先後修正七次，涉及條文（包括修正及增列者）超過七十餘條，佔全部條文百分之五十強。揆其修正之主旨，或在改善銀行經營，或在健全銀行制度，或在加強違法行爲之制裁。就本年七月中旬公布實施之第七次修正言，除強調保障存款人利益外，其修正要點包括：訂定銀行設立標準，以便民營銀行之開放；充實銀行資本、分散股權分配及增列負責人資格標準，以強化銀行制度之體質；刪除有關利率管制之規定、彈性放寬銀行業務之範圍，以促進銀行業務之自由化；明訂非法經營銀行業務之認定範圍，增列因應銀行經營危機之方式與負責取締機關，提高違法行爲之懲處標準，以整頓金融紀律與金融秩序等項。綜上所述，可見爲配合社會經濟情況之發展與銀行經營環境之變遷，銀行法之內容經常都在推陳出新的演進之中。

　　本書定名爲「銀行法釋義」。除在緒論中敍述我國現行銀行法之演進過程外，內容計分九章，係按現行銀行法各章之順序排列。其主旨係就一百四十條之規定，以詮釋方式逐條加以分析說明。例如，根據官方資料，說明各條規定之立法原意；就各條規定內容，析述其積極方面所欲實現之目標與消極方面所欲達成之限制效果；對於經過修正之條文，則將新舊條文加以比照，以闡明其來龍去脈，以及修正之動機、理由和

影響。應予指出者，本書係以對銀行法提供詮釋為主旨，關於各條文所涉及之金融理論、銀行實務及金融實況等項，僅作必要而精簡之介紹，避免冗長而繁複之贅述，以期不至發生喧賓奪主的流弊。

　　著者在金融界服務多年，當時為處理業務之需要，常與銀行同仁（特別是法務部門的專家們）討論有關銀行的法律問題，因而吸收很多有關銀行法的知識和經驗。近年專任教職並擔任「銀行法」課程的講授，除繼續加強對本法鑽研之深度外，並參考同學學習興趣與注意要點，提供內容精簡而易被接受的教材，藉以提高教學的效果。這本書的編著完成，就是數年來匯合整理的成果。當銀行法第七次修正於本年七月公布實施之際，我非常誠懇的希望：這本書的出版能夠有助於國人對現行銀行法的認識和瞭解。

楊　承　厚

自序於七十八年八月十二日

補　　註

　　本書七十八年九月出版以來，著者個人繼續注視銀行法之後續發展，曾於八十年初補充新增有關資料，刊於本書修正初版。茲者該法又於八十一年十月末再度修正及公布施行，變動幅度相當可觀。爰就本書內容適時加以整理修訂，俾供讀者參研而掌握該法變動之全貌與其重點所在。

楊承厚於八十二年三月十日補註

銀行法釋義　目次

緒論　現行銀行法之演變

第一目　我國銀行法的新陳代謝

　　銀行法爲規範銀行制度以及銀行業務、經營與管理之特別法律。由於社會經濟情況不斷變化，根據客觀需要而產生之銀行法，也出現新陳代謝的現象。就我國銀行法推陳出新之演變言，大體上可以分爲三個階段：一、第一代銀行法：我國最早之銀行法，爲民國二十年三月二十八日國民政府制定公布全文五十一條之銀行法。此一最早銀行法之存續期間計達十六年，後爲三十六年修正之銀行法所代替而成爲僅具歷史意義的「老銀行法」。二、第二代銀行法：民國三十六年九月一日國民政府修正公布之銀行法，全文共計一百十九條（條文數目較「老銀行法」增加一倍以上），內容亦頗多更張，就實際意義言，不啻一部另闢蹊徑的銀行法。自當時以迄民國六十四年將近三十年之期間，雖經兩次總統明令修正（三十九年六月十六日修正條文十八條，五十七年十一月十一日修正條文八條），但其內容僅有局部修正，全法思想體系及主要規定並無重大興革，故可視爲一部一脈相承的銀行法。三、第三代銀行法：近年來我國社會經濟發生重大變化，過去銀行法對於國家經濟建設計畫及

工商各業發展之需要，難以適應之處甚多，經過審愼研擬及審查之後，終經立法院通過而由總統明令於六十四年七月四日公布修正銀行法。此次銀行法之修正，除將條文增爲一百四十餘條外，其內容亦經大幅修正，而使我國銀行法之結構邁入新的境界。故在六十四年修正銀行法公布施行後之最初數年，一般人士均稱之爲「新銀行法」，而將其公布施行前之銀行法稱爲「舊銀行法」或「舊法」，以示其並非前後一貫之區別。截至目前止，第三代銀行法仍爲有效的現行銀行法

第二目　現行銀行法之要點

就任一時期言，所謂現行銀行法係指當時適用之銀行法。例如銀行法於六十四年七月四日修正並公布施行，則自該日起，六十四年銀行法卽構成現行銀行法，而以前之銀行法則喪失效力而成爲舊銀行法。但由於六十四年銀行法在過去十七年中又經八次修正，故就目前（八十一年十二月）言，我們對於現行銀行法之範圍應該加以分析和說明。大體而言，似可作下述之解釋：(1)就銀行法整體內容觀察，現行銀行法係指六十四年銀行法：在過去十餘年中，六十四年銀行法雖經過八次修正，但其基本結構及主要規定並未發生重大而澈底之改變，故仍爲一脈相承之現行銀行法。(2)就銀行法個別條文觀察，應以每條修正之日期爲決定現行條文之標準。本書有關銀行法條文之詮釋，對於六十四年七月四日以後經過修正之條文均特別予以指明，其用意卽在顯示其成爲現行條文之日期。

作爲現行銀行法之民國六十四年銀行法，係就「舊銀行法」（卽三十六年銀行法，不過三十九年及五十七年各修正一次）加以澈底修正而

來。舊銀行法計有條文一百十九條，六十四年銀行法修正為一百四十條，計增加二十一條。增列條文雖然不多，但其修正程度卻非常澈底:舊銀行法之一百十九條條文，被保留者僅有兩條（第二十條規定「銀行資本以國幣計算」，第一一九條規定「本法自公布日施行」），被刪除者三十一條，其文字、文義或內容被修正或增刪者八十六條。就六十四年銀行法之一百四十條言，其中兩條係沿用舊銀行法，七十五條係就舊條文予以修正增刪而來，另外新增列者則有六十三條。互相對比之下，可見六十四年銀行法之內容較舊銀行法業已澈底修正，而達到「表裏皆新」的境界。

相對於舊銀行法而言，六十四年銀行法之要點或特質，可綜合為下述十點加以說明:

一、增訂「目的」條款: 舊銀行法對於訂定銀行法之目的並未加以規定; 六十四年銀行法在開宗明義之第一條，首先訂明制訂本法之目的，藉以概括表明本法之基本精神; 在立法技術上係屬一項進步。

二、調整銀行分類: 舊銀行法將銀行分為商業銀行、實業銀行、儲蓄銀行、信託公司及錢莊五類; 六十四年銀行法將其調整為商業銀行、儲蓄銀行、專業銀行及信託投資公司四類。其中因錢莊已不存在而予刪除; 實業銀行改為專業銀行，作為專業信用體系之張本; 信託公司改為信託投資公司則在加強其投資之功能。

三、建立中長期信用體系: 六十四年銀行法將銀行信用按其期限之長短分為短期信用、中期信用及長期信用三種; 並劃分各類銀行之業務重點，以期分工合作而有助於中長期信用體系之建立。

四、加強專業金融系統: 六十四年銀行法取消「實業銀行」之名稱而代以「專業銀行」，並就應予逐漸加強信用供給之各特定經濟部門需求，分為工業、農業、輸出入、中小企業、不動產及地方性等六種信

用，規定得由政府專設銀行或指定現有銀行，擔任各種專業信用之供給，以加強專業金融系統之陣營；俾能便利國家經濟建設之實施，以及促進全國經濟之平衡發展。

五、拓展銀行業務範圍：舊銀行法規定銀行業務為十一款，六十四年銀行法對之加以補充調整而增列為二十一款，以期適應現代銀行業務發展之趨勢。

六、提高信託投資公司之功能：六十四年銀行法將「信託公司」修正為「信託投資公司」，以期符合現實情況，並加強其投資業務，發揮促進資本形成之功能，成為提供中長期信用之專業金融機構。

七、提供管理信用之工具：舊銀行法對於管理信用之工具，並無適當之規定，而「中央銀行法」亦遲遲未能修訂（該法遲至六十八年十一月八日始告修正完成而公布施行），故六十四年銀行法乃將中央銀行管理信用之重要工具（如利率調整之核定，存款準備率及流動性比率之訂定及調整，不動產信用及消費者信用之管理等）列入條文之中，俾作為中央銀行金融政策操作之法律基礎。

八、加強銀行之行政管理：關於銀行之設立、變更、停業及解散之要件及程序等項，舊銀行法散見於各章，先後次序參差，缺乏整體聯系；六十四年銀行法將其加以整理及補充，並集中此類規定而設立專章。關於違法行為之處罰，過去亦參雜於相關條文之中，六十四年亦另設「罰則」章，既便政府管理，又使業者易於遵循。

九、改善銀行業務之經營：六十四年銀行法針對舊銀行法之缺點，引進若干新觀念以改善銀行業務之經營。例如倣效美國之中長期分期償還放款（term lending）而對銀行中長期放款賦予具體之新形式；其次採用「反面承諾」之觀念，以簡化銀行放款之擔保程序。此外「通則」章中所列「重要名詞之定義」，亦較舊銀行更為完備而切合時代思潮之

趨勢。

　　十、革新利率及準備制度：六十四年銀行法明定銀行利率應以年率為準，符合國際慣例；同時規定放款利率包括上限及下限之變動幅度，預留銀行利率自由化之彈性。在存款準備金制度方面，將過去之「付現準備」與「保證準備」合併為單一現金準備制度，並規定中央銀行得另定額外準備金比率，以增加其作為管理信用工具之潛力。

第三目　現行銀行法實施以來之局部修正

　　現行銀行法自六十四年七月四日公布實施以來，迄至目前（八十一年底）止，為期已逾十七年。在此期間，為適應社會經濟情況之變化及配合金融機構業務之發展，先後經過八次修正（六十六年十二月二十九日，六十七年七月十九日、六十八年十二月五日，六十九年十二月五日，七十年七月十七日、七十四年五月二十日、七十八年七月十九日及八十一年十月三十日），修正條文達八十七條（包括新增一十三條）以上。但就銀行法之整體觀察，修正條文數目雖然相當可觀（佔全文一百四十條之六〇％以上），但其內容多係針對當前問題所為之枝節的或局部修正，並未影響我國銀行制度之基本結構，同時本法重要規定亦無澈底之更張（新增條文僅附列於有關條文之後，並未改變條文之總數），可見在經過多次修正之後，本法仍以六十四年七月實施之銀行法為基礎，構成一個一脈相承的「現行銀行法」。茲將六十六年以後本法修正要點，分肆部分敍述於後，以供查閱及參考：

　　壹、六十六年至七十年之小幅修正　六十四年修正銀行法公布施行以後，截至七十年止，共計修正五次；其中修正條文十條及增列條文一

條。大體而言，乃係小幅度的局部修正。茲依條文順序，分別說明（並註明修正日期）如次：

（一）增列銀行業務一款: 本法第三條原列舉銀行業務爲二十一款；六十七年七月十九日修正本條，增列一款爲「經政府對專業銀行核准辦理之其他有關業務」，使銀行業務項目合計爲二十二款。

（二）修正儲蓄存款之定義: 本法第九條原規定「本法稱儲蓄存款，謂個人或非營利法人， 以積蓄資金爲目的， 憑存招或存單提取之小額存款」； 六十六年十二月二十九日本條修正， 取消其中 「小額」 二字。

（三）增列以名稱表示銀行種類及其專業之例外: 本法第二十條第二項原規定「銀行之種類或其專業，應在其名稱中表示之」；六十六年十二月二十九日本項修正，增列「除政府設立者外」七字，使政府銀行不必在其名稱中表示其種類或專業，以克服部分公營銀行不能依法辦理之困難。

（四）取消非銀行不得經營銀行業務之「但書」規定: 本法第二十九條原規定非銀行不得經營銀行業務，惟條文中包含一項甚爲寬鬆之但書規定（如允許廠商收存定金、保證金或職工儲蓄等），致立法原意無從實現。七十年七月十七日修正本條，取消上述但書規定，以期遏阻地下錢莊之猖獗，以及各大廠商吸收職工與民間存款現象之盛行。

（五）增列銀行人員不得兼任其他銀行之職務並加以修正: 爲防止銀行人員兼任其他銀行職務而發生利益衝突起見，六十六年十二月二十九日修正銀行法時，增加「銀行之負責人及職員不得兼任其他銀行之任何職務」的規定，列爲三十五條之一。六十八年十二月五日修正本條，在上述規定之中增列「但因投資關係並經中央主管機關核准者，得兼任被投資銀行之董事或監察人」的但書，俾能容納公營銀行投資其他銀行

而派員擔任其董事或監察人的既成事實。

（六）增列定期儲蓄存款得中途解約之規定：本法第七十九條原規定「儲蓄存款」到期前不得提取但得憑存單質借；爲顧及存款人緊急需要，六十六年十二月二十九日將本條修正，規定「定期儲蓄存款」，除得憑存單質借之外，並可中途解約。

（七）增列放寬銀行建築放款之但書：本法第八十四條原規定，儲蓄銀行辦理（住宅及企業）建築放款之總額，不得超過所收存款總餘額及金融債券發售額之和的百分之二十。嗣因房地產景氣旺盛，建築業借款需求增加，本法所定限制時有超越之虞。六十九年十二月五日銀行法修正，在本條之末，增列「但爲鼓勵儲蓄協助購置自用住宅，經中央主管機關核准辦理之購屋儲蓄放款，不在此限」的但書。

（八）修正信託投資公司賠償準備與信託資金契約總值之比率：本法第一百零三條原規定，信託投資公司繳存中央銀行之賠償準備，應等於其各種信託資金契約總值之百分之二十；六十六年十二月二十九日將本條修正，規定賠償準備與各種信託資金契約總值之比率，由中央銀行在百分之十五至百分之二十之範圍內定之。經過此次修正後，此項比率由固定百分比而改爲具有彈性之幅度，俾中央銀行必要時可用爲管理信用之工具。

（九）加重違法行爲之處罰：㈠本法第一百三十二條原規定，違反本法之規定，經限期糾正而仍不遵行者，處以罰鍰；六十六年十二月二十九日本條修正，取消「經限期糾正而仍不遵行者」等十一字，顯示對於違反行爲不必經過限期糾正過程即可逕行裁處罰鍰。㈡本法第一百三十六條原規定，銀行經依規定處罰後，於限期內仍不予改正者，得對其同一事實或行爲再予加倍處罰；六十六年十二月二十九日本條修正，將「再予加倍處罰」修正爲「再予加一倍至五倍處罰」，以期加強處罰

之效果。

貳、七十四年五月之大幅修正　民國七十四年五月二十日修正公布之銀行法，修正條文多達二十九條（計修正二十八條，增加二條），佔銀行法全文（一百四十條）百分之二十強。如以六十四年銀行法為準，此次為第六次修正，也是修正幅度最大的一次。茲依原法各條排列之順序，分述修正各條之要點如次：

（一）各類存款定義之修正：本法第六條至第九條分別規定支票存款、活期存款、定期存款及儲蓄存款之定義。為配合銀行自動化設備之使用及作業方式之改變，爰將各類存款之定義分別加以修正：⑴關於支票存款方面：本法第六條原規定支票存款「憑支票」隨時提取；增列為「或利用自動化設備委託支付」。⑵關於活期存款方面：原法第七條規定活期存款「憑存摺」隨時提取；增列「或依約定方式」隨時提取，俾配合銀行實際作業之需要（可憑約定直接撥付或憑自動付款卡取款）。⑶關於定期存款方面：原法第八條規定定期存款「憑存單」於到期時提取；增列或依約定方式提出，以配合「綜合存款」之情況。⑷關於儲蓄存款方面：原法第九條規定儲蓄存款為「……憑存摺或存單提取之存款」，修改為「……以積蓄資金為目的之活期或定期存款」；以示儲蓄存款包括活期及定期兩種，其提取方式不再以「憑存單或存摺」為限。

（二）擴大銀行承兌匯票之範圍：本法第十五條第三項僅准許銀行接受「買方」委託之匯票承兌業務。為推廣票據之使用與流通，鼓勵銀行經營匯票承兌業務，爰於第三項之末增列「出售商品或提供勞務之人，依交易憑證於交易價款內簽發匯票，委託銀行為付款人而經其承兌者，亦同。」換言之，即擴大銀行承兌匯票業務之範圍，而准許其接受「賣方」委託之匯票承兌業務。

（三）限制銀行對本行人員有利害關係者之放款：為防止銀行負責

人及職員利用其地位取得不當利益，本法對此類放款業已訂有限制規定。為求進一步防止此項流弊，七十四年銀行法予以修正加強：⑴關於無擔保授信方面：　本法第三十二條原規定「　銀行不得對本行負責人或職員為無擔保之放款」；為求進一步防弊起見，增列銀行對與本行負責人或辦理授信職員有「利害關係者」，　亦不得為無擔保放款；　但在另一方面為使銀行能對本行人員辦理消費者之貸款，增列「但消費者貸款不在此限」之但書，以配合實際之需要。⑶關於擔保授信方面：　本法第三十三條原規定銀行對本行負責人或職員所為之擔保放款，或對本行負責人或職員有利害關係之企業或個人所為之放款，其條件不得優於其他借款人。七十四年銀行法對上述規定，酌作文字修正；並增列第二項（前項總餘額，　由中央主管機關洽商中央銀行定之），對此類擔保授信總額加以限制，以避免風險之集中並防止流弊之發生。⑶七十四年銀行法增列三十三條之一，對於本法上述兩條（三十二條及三十三條）所指利害關係者作明確之規定，俾實施時能有具體之依據。

　　（四）確立銀行之法人資格：本法第五十二條原規定「銀行之設立，除法律另有規定或本法修正施行前經專案核准者外，以股份有限公司組織者為限」；　由於依其他法律設立或經專案核准之銀行，　多非股份有限公司組織以致缺乏法人資格，其因國內權益而涉訟時僅賴判例認定其當事人能力，　其在國外涉訟時對其權益保障影響至鉅。　為求根本解決此項問題，　七十四年銀行法爰在本條，　明定「銀行為法人，　其組織除法律另有規定或本法修正施行前經專案核准者外，　以股份有限公司為限」。

　　（五）增列中央主管機關勒令銀行停業之事由：本法第六十二條規定，銀行因不能支付其債務經中央銀行停止其票據交換者，中央主管機關應勒令停業，限期清理。惟因信託投資公司並不辦理支票存款，不會

受到停止票據交換之處分； 雖經營不善不能支付其債務， 中央主管機關仍無法勒令其停業。爲解決此項問題，七十四年銀行法在六十二條中增列一項勒令停業之事由（銀行不能支付其卽期負債有礙銀行健全經營者），俾對經營不善之信託投資公司可以「不能支付其卽期負債」之理由而勒令其停業。同時並將「應勒令停業」修正爲「得勒令停業」，俾增加適用時之彈性。

（六）修訂商業銀行及儲蓄銀行投資有價證券之項目：本法所定商業銀行及儲蓄銀行之業務，均包括「投資……國庫券……」（見本法第七十一條第六款及本法第七十八條第七款）。七十四年銀行法爲加強短期票券之交易及活潑銀行資金之運用，爰將上述兩款中之「國庫券」均修正爲「短期票券」。

（七）規定定期儲蓄存款中途解約應於七日前通知銀行：本法第七十九條規定，定期儲蓄存款到期前不得提取，但存款人得質借或中途解約。此項中途解約有礙銀行資金調度。七十四年銀行法爲兼顧存款人利益及銀行資金調度，爰明訂定期儲蓄存款中途解約者，應於七日以前通知銀行。

（八）信託投資公司業務範圍之調整：本法第一百零一條原規定信託投資公司經營之業務爲十七款，七十四年銀行法將之縮減爲十四款，並將部分業務之內容加以調整。茲爲分述如下：㈠放寬放款之對象：本條第一款業務原爲「辦理對生產事業之中、長期放款」，其放款對象範圍過狹（以生產事業爲限）；爲適應當前需要，爰修正爲「辦理中、長期放款」而將放款對象之限制予以刪除。㈡擴大投資範圍：爲加強短期票券交易，爰將第二款業務（投資公債、國庫券、公司債券、金融債券及上市股票）中之「國庫券」修正爲「短期票券」以擴大其投資之範圍。㈢刪除「對生產事業直接投資」及「投資住宅建築及企業建築」兩

款業務: 爲避免信託投資公司所吸收之龐大信託資金投資於不動產或直接投資於生產事業，造成大量購置不動產或發生併吞其他企業情事，嚴重違反金融機構經營之基本原則，爰將上述兩項業務予以刪除。㈣刪除「擔任證券投資之信託人」與「經營證券投資信託事業」兩項業務: 爲配合證券投資信託事業專業化之需要，並避免信託投資公司兼營證券投資信託事業滋生利益衝突之流弊，乃將上述兩項業務予以刪除。㈤增加「募集共同信託基金」業務: 爲因應信託投資公司募集共同信託基金之需要而增列業務一項。㈥增列得以非信託資金辦理對生產事業直接投資或投資住宅及企業建築之例外規定: 鑒於臺灣土地開發信託投資公司及中華開發信託投資公司過去一向以經營不動產投資（包括開發工業區）及生產事業直接投資爲其主要業務，故在刪除「對生產事業直接投資」及「投資住宅建築及企業建築」兩項業務之後，另在第一百零一條之末尾增列上述例外規定，俾使該二公司經營上述業務有所依據，且爲使信託投資公司能配合政府推動經濟建設需要，凡經中央主管機關核准者，仍得投資辦理此類業務。

（九）放寬信託投資公司自有資金之運用範圍: 本法第一百零二條原規定,信託投資公司自有資金之營運,除存放銀行外，以經營前條（第一百零一條）第一款至第七款之業務爲限。七十四年銀行法認爲信託投資公司之自有資金，可運用於第一百零一條所規定之所有業務，故刪除本條之規定而取消原定之限制；並將第一百零三條第三項之規定移列本條。

（十）將信託投資公司「賠償準備」修正爲「信託資金準備」: 本法第一百零三條原規定，公司應以有價證券或現金繳存中央銀行，以供公司因違反法令規章或信託契約以致受益人遭受損失作爲「賠償準備」之用。七十四年銀行法將此項「賠償準備」修正爲「信託資金準備」，

並使其對賠償損失或一時流動能力不足均可發生彌補之功能。

（十一）對信託資金臨時營運之限制：本法第一百零九條原規定，信託投資公司在未依信託契約營運前，或依約營運收回後尚未繼續營運前，其信託資金之臨時營運，應以存放銀行或第一百零一條第二款之用途（投資公債、國庫券、公司債券、金融債券及上市股票）爲限。七十四年銀行法認爲各信託戶之資金在未營運前，性質上屬於現金；故將其臨時營運修正爲「以存放商業銀行或專業銀行爲限」。

（十二）規定公司募集共同信託基金應先擬具發行計畫：本法第一百十五條原規定公司設立證券投資信託基金或募集共同信託基金，應先擬具發行計畫，報經中央主管機關核准。七十四年銀行法爲配合「經營證券投資信託事業」業務之刪除，而將原規定予以簡化。

（十三）罰金與罰鍰數額的大幅提高：本法「罰則」章對於違法行爲所定之罰金及罰鍰的數額，因社會經濟情況變動而形成偏低現象，顯然不足達成法律之目的。七十四年銀行法乃分別予以修正提高：(1)在罰金方面：本法第一百二十五條至一百二十七條等三條所定之罰金數額，原爲五千元者提高爲十五萬元（提高三十倍），原爲七千元者提高爲二十五萬元（提高三十五倍強）。(2)在罰鍰方面：本法第一百二十八條至一百三十二條等五條所訂之罰鍰數額，原爲「一千元以上三千元以下」之罰鍰提高爲「二千元以上五萬元以下」；原爲「三千元以上五千元以下」之罰鍰提高爲「六千元以上十萬元以下」；原爲「五千元以上一萬元以下」之罰鍰提高爲「一萬元以上十五萬元以下」之罰鍰。

（十四）加重對銀行內部人員及利害關係者違法授信之處罰：本法第一百三十二條規定銀行不得對本行負責人或職員爲無擔保授信，第一百三十三條規定銀行對本行負責人或職員所爲之擔保放款（或對本行負責人或職員有利害關係之企業或個人所爲之放款）其條件不得優於其他

借款人。本法罰則章對於此類違法授信之處罰，原定爲「五千元以上一萬元以下」之罰鍰；七十四年銀行法對於此類違法行爲之負責人改爲「處三年以下有期徒刑、拘役或科或倂科十五萬元以下罰金」，藉收懲儆之效並增列爲第一百二十七條之一。

（十五）罰鍰處罰對象之改訂：本法第一百三十一條原規定罰鍰之受罰人爲銀行之負責人，而非銀行之本身。七十四年銀行法明定銀行爲法人，可以作爲行爲之主體；故修正本條有關罰鍰之受罰人爲銀行或其分行，而非其負責人；並規定銀行或分行受罰後，對應負責之人有求償權。

（十六）第一百三十九條之文字修正：本法第一百三十九條第二項原規定「依其他法律設立之其他金融機構，其收受存款、經營授信、保證或信託投資等業務……」；七十四年銀行法刪除「保證」兩字，俾現行條文所定「授信」係包括放款與保證之意旨，更臻明顯。

叁、七十八年七月之再度大幅修正　現行銀行法自七十四年五月修正後，復於七十八年七月再度大幅修正。時間雖僅相隔四年，此項第七次修正涉及條文三十三條（計修正二十八條，增列五條），約佔全法總條文數百分之二十六；其規模較第六次尤有超過。其內容包括配合民營銀行之開放，健全銀行制度，促進銀行業務自由化及整飭金融紀律與秩序；因其變動鉅烈，有人稱之爲「金融史上革命性的修正」。茲根據財政部對修正草案的總說明及立法院通過之修正條文，扼要分述其要點如次：

（一）配合民營銀行之開放：爲配合民營銀行之開放，授權財政部訂定銀行之設立標準（包括資本額標準及負責人等之資格標準，見增列之第五十二條第二項）。

（二）健全銀行制度：包括(1)規定大股東持有股權之最高比例，以

符合股權分散原則而避免金融壟斷（見修正條文第二十五條增訂之第二、三、四各項）。(2)規定銀行自有資本與風險性資產之比率不得低於百分之八（見修正條文第四十四條）；同時將銀行應提列法定盈餘公積之比率由百分之二十提高爲百分之三十（見修正條文第五十條）；藉以保障存款人之安全及擴大銀行營運基礎。(3)規定財政部訂立銀行負責人之資格條件，以確保銀行健全經營及維護存款人利益（見修正條文增訂之第三十五條之二）。(4)明定銀行對於顧客存放款或匯款等資料應爲保守秘密，以保障客戶之隱私權（見修正條文第四十八條增訂之第二項）。

　　（三）促進銀行業務之自由化：包括(1)刪除管制銀行存款利率與放款利率之硬性規定（過去存款最高利率由央行決定，放款利率之上下限由央行核定），以推廣利率之自由化（見修正條文第四十一條）。(2)在銀行業務項目方面，增列「經中央主管機關核准辦理之其他有關業務」之概括性規定，藉以彈性放寬銀行及信託投資公司之業務範圍，鼓勵開發新種業務而加強服務效能（見修正條文第三條第二十二款、第七十一條第一項第十四款、第七十八條第一項第十六款及第一百零一條第十五款）。其次財政部所提修正草案曾擬增列經該部核准商業銀行得收受儲蓄存款及儲蓄銀行得收受支票存款之條文，以加強服務；立法院認爲前述概括性規定已可予以涵蓋在內，故未另外增列條文。(3)開放外國銀行在臺分行辦理儲蓄存款、長期放款與信託業務，藉以提升國內金融服務水準，並擴充國際金融及投資中介管道（見修正條文第一百二十一條）。(4)放寬銀行因使抵押權或質權而取得財產之處分期限（由一年放寬爲二年），以配合客觀形勢的需要（見修正條文第七十六條）。(5)修正定期儲蓄存款中途解約利率之規定，以符合存款人與銀行雙方權利義務對等之原則（見修正條文第七十九條）。

　　（四）整頓金融紀律與維持金融秩序：包括(1)明訂收受存款之定義

及視爲收受存款之範圍，作爲法院認定非銀行非法吸收資金行爲之依據而保障社會大眾之權益（見修正條文增訂之第五條之一及第二十九條之一）。(2)增列主管機關於銀行發生經營危機（業務或財務狀況顯著惡化，不能支付其債務或有損害存款人利益之虞）時，得按情節輕重採取不同之必要措施，俾能因應得宜而迅赴事功（見修正條文第六十二條）。(3)爲防止銀行負責人等偏私放款，擴大其利害關係人之範圍（見修正條文第三十三條之一）。(4)加重違法行爲之處罰（將本法有關罰金罰鍰之處罰金額提高爲現行標準四至五倍；並對非銀行業不法吸收存款之行爲，延長其自由刑之期限及提高其罰金之金額，並將取締機關予以調整，以期整飭金融紀律與秩序，確保銀行之穩健經營（見修正條文第一百二十五條至一百三十一條，及第二十九條第二項）。

（五）其他配合增列及修正事項：包括(1)修正銀行法之立法宗旨，增列「保障存款人權益」爲制定本法主要目的之一（見修正條文第一條）。(2)配合外匯管理條例之修正，刪除有關金銀買賣須經中央銀行特許之規定；且依該條例規定，外匯包括外國貨幣，故不再特別列舉外幣之買賣（見修正條文第四條）。(3)放寬外國銀行在臺分行業務範圍後，原商業銀行章規定已不敷準用之需要，故增訂有關準用之條文，以資配合（見修正條文第一百二十三條）。

肆、八十一年十月之重點修正　現行銀行法自七十八年七月再度大幅修正後，復於三年後（八十一年十月）完成重點之修正。此項第八次修正涉及修文一十七條（計修正一十二條，增訂五條），約佔條文總數百分之一十二，其幅度低於前兩次之修正。數年來，政府積極推動金融自由化政策，除開放十五家商業銀行之設立，並規劃公營銀行之移轉民營；針對當前實際需要，乃根據下述三項主要目標，展開八十一年本法之修正：(1)加強對金融機構之管理；(2)加強金融秩序之維護；(3)建立合

理之金融環境。茲根據行政院有關本案之總說明及立法院通過之修正條文，扼要分述八十一年銀行法之修正要點如下：

(一)強調危險分散原則，促進銀行資金之合理分配：面對商業銀行大量增設之新情況，為避免經營者公器私用而將銀行資金作不合理之配置起見，爰將銀行法作適度之修正：(1)內部授信之限制：為保護存款人之權益及強化銀行建全經營起見，爰就原法限制銀行對關係人員不當授信之相關條文(第三十二條及三十三條)加以修正，分別將銀行主要股東及關係企業列入規範之內，藉以加強本法限制不當授信之效果。(2)脫法行為之防止：為預防銀行利用與其往來行對關係人員交互授信之方法，來逃避本法(第三十二條及第三十三條)限制不當授信之規定，特增訂禁止及限制此種授信行為之條文(第三十三條之二)。(3)單一客戶大額授信之限制：為防止大額授信比例過高以致影響銀行健全經營，乃增訂限制單一客戶大額授信之規定(第三十三條之三)，以期維持授信品質之良好。(4)降低銀行經營風險：本法第三十六條對於銀行無擔保授信原已定有適當之限制，為求進一步防止銀行過度競爭，乃於本條增訂有關資產負債管理(規定主要資產與負債之比率等)之第二項，以期對銀行經營及金融秩序有所改善。(5)加強管理有價證券之投資：修正後之本法第八十三條規定儲蓄銀行投資不再以上市股票為限，而可擴至多種金融工具；但為適應新種金融工具風險程度不一之情況，乃進一步規定其投資種類及限額，授權中央主管機關定之；俾將相關金融工具均能納入管理。

(二)擴大金融檢查之範圍，以加強金融檢查之功能：本法第四十五條修正後，檢查單位、人力及檢查範圍均有擴增，足以加強中央主管單位金融檢查及金融監管之功能。(1)原條文關於委託檢查僅列舉中央銀行一單位；修正後改為可委託適當機構，因而將合作金庫及中央存款保險

公司等涵蓋在內。(2)原條文所定受檢單位限於銀行；修正後則包括〔其他關係人〕，檢查範圍隨之擴大，因而在必要時更能發揮檢查效果。(3)過去參加金融檢查工作者多為銀行從業人員及政府官員；修正後規定中央主管機關必要時得指定專門職業及技術人員（如會計師及律師等）參加進一步查核工作，足以提升金融檢查之品質。

　　(三)其他修正事項：包括(1)確立授信之定義：本法增訂第五條之二，列舉銀行辦理放款、透支、貼現、保證、承兌及其他等項目而對授信行為給予定義。(2)刪除反面承諾於擔保品之範疇：本法第十二條原規定股份有限公司之反面承諾為擔保授信五種擔保品之一，修正案將之刪除。(3)管理分支機構之設置遷移及裁撤等事宜：擴大第五十七條規定對銀行設置分支機構之管理範圍，明定自動化服務設備視同銀行分支機構。(4)修正及增訂相關罰則：為配合本法修正及增訂各條，同時修正罰則之相關條文（第一百二十七條之一，之二及第一百二十九條）。(5)確立其他金融機構適用本法之依據：修訂第一百三十九條。(6)增訂施行細則：增訂一百三十九條之一。

第一章　通　　則

　　本法「通則」章包括第一條至五十一條。在本法一百四十條條文中，佔三六‧四％，為本法最長之一章，亦為最主要之一章。本章一方面對於我國銀行制度提供概括性之規定，另一方面則針對銀行業務與經營之要點，就其可供共同適用部份予以一致性之規定。具體而言，本章主要內容包括制定本法之目的，銀行之定義，分類，業務之範圍，主要名詞之定義，銀行之資本，負責人，分支機構，有關銀行經營之限制，銀行利率之標準，存款準備率之構造與運用，存款保險機構及同業借貸組織，銀行業務之檢查，銀行財務之公告及公積之提存等項。大體而言，本章內容多係提綱挈領之一般性規定，而其他各章則係針對各類銀行或特殊事項所為之個別性規定。

第一目　制定銀行法之目的

　　銀行法在其第一條中，特別開宗明義的揭示其制定之目的：**為健全銀行業務經營，保障存款人權益，適應產業發展，並使銀行信用配合國家金融政策，特制定本法。**茲分三點加以說明：

　　詮釋（一）：我國過去之銀行法均無「目的條文」之制定，頗為學

者所詬病。作爲現行銀行法基礎之六十四年修正銀行法，參考其他國家現代立法之通例而增列此項「目的條文」，實爲立法技術上之突破與改進。

詮釋（二）：就銀行法第一條之上述內容觀察，可以看出制定銀行法之目的或宗旨計有四項，依序第一爲健全銀行業務經營，第二爲保障存款人權益，第三爲適應產業發展，第四爲使銀行信用配合國家金融政策。此四項目的爲整個銀行法基本精神之所寄，代表本法所努力實現之效果。此項基本精神應貫注於本法之所有條文。換言之，其餘條文在積極方面應有助於本法目的之實現，在消極方面不應妨礙本法目的之達成。

詮釋（三）：關於銀行法之制定，本法原規定僅有三項目的（健全銀行業務經營、適應產業發展及使銀行信用配合國家金融政策）。七十八年七月之修正條文，係參考近年各國銀行法之趨勢及審度我國當前之需要，乃在原有三項之外，增列「保障存款人權益」一項，使本條內容更形充實。

第二目　銀行之定義

銀行法第二條規定: 本法稱銀行，謂依本法組織登記，經營銀行業務之機構。對本法賦予「銀行」一詞之定義，略加詮釋如次:

詮釋（一）：大體而言，「銀行」一詞係指擔任金融中介任務之機構，一方面從事受信活動以充裕其資金之來源，另一方面進行授信行爲以推展其資金之運用。由於多年來銀行業務仍在不斷推陳出新和隨時演變之中，同時各國銀行組織型態與營運方法亦復不盡相同，是以關於

「銀行」一詞迄無一個各方面一致認為滿意和完善的定義。在研究銀行理論之學者專家的著作中，我們可以看到他們對於銀行一詞提出重點各異的定義。就若干國家所公布之銀行法觀察，關於銀行法定義方面亦均有其互有出入的內涵。換言之，關於「銀行」一詞，我們還找不到一個「放之天下而皆準」的標準定義。

詮釋（二）：銀行法以銀行為適用對象；其內容主要在於規範銀行組織型態及其業務範圍，以達成「健全銀行業務經營」之重要使命。銀行法所規定之銀行定義，不在學理上的完善無疵，而在具備法律得以順利執行的要件。上述我國現行銀行法規定銀行這個機構須具備兩個條件：(1)依本法組織登記：本法第二章規定銀行之設立，首先須報請中央主管機關許可，然後依照公司法規定設立公司並辦妥公司登記後，始能申請營業執照開始營業。(2)經營銀行業務：本法第三條列舉銀行業務計有二十二款，即為銀行經營業務之範圍。

就現行銀行法所定銀行定義所含兩項要件言，其中「依本法組織登記」一項，堪稱具體而明確，在法律執行上不致產生困難；其第二項「經營銀行業務」，本法所定業務項目多達二十二款，而每一個別銀行不能全部加以經營，故在法律執行上涉及不確定之因素。因之，有些論者認為此項含混不清之銀行定義乃係「無定義之定義」。在實際上，六十四年修正銀行法之最初草案，對於銀行定義中所含之銀行業務曾經列舉五項重要業務（包括收受存款、發行金融債券、運用國際資金、經營放款與投資，或受託經理公眾財產），以期確定經營範圍而避免不確定之因素。其後在審議過程中恐其列舉不週而將其刪去。好在個別銀行所得經營之業務項目，將由中央主管機關分別核定，故在執行上此項不確定因素並不發生影響。

第三目 銀行之種類與名稱

關於銀行之種類與名稱，現行銀行法第二十條有具體規定：**本法所稱銀行分爲下列四種：**

一、商業銀行。

二、儲蓄銀行。

三、專業銀行。

四、信託投資公司。

銀行之種類或其專業，除政府設立者外，應在其名稱中表示之。茲加以說明如次：

詮釋（一）：改變銀行分類之理由：在六十四年銀行法修正公布之前，我國銀行法將銀行分爲商業銀行、實業銀行、信託公司、儲蓄銀行及錢莊五類。如將現行銀行法之銀行分類與過去相較，計由五類減爲四類。茲根據現行法，說明其內容如下：(1)舊法中之商業銀行與儲蓄銀行均各有其功能，故予保留未變；(2)舊法中之錢莊，今日已不存在，故予刪除。(3)舊法中之實業銀行，僅係按授信對象而分別冠以業名，對於信用之性質、信用需要種類及授信需要之配合等，尚欠必要之考慮。爲此乃修改爲專業銀行，以適應專業信用之需要。(4)鑒於信託性質之投資業務，對於資本市場之發展日益重要，故將信託公司改爲信託投資公司，以期促進資本之形成。

詮釋（二）：以名稱表示銀行類別及其例外：六十四年銀行法第二十條第二項原規定「銀行之種類或其專業，應在其名稱中表示之」；其後發現若干政府設立而具有悠久歷史的銀行（例如臺灣銀行），無法在

其名稱中表示其類別與專業。故在六十六年十二月二十九日修正公布之
銀行法中，將第二項中增列「除政府設立者外」的文字，而允許政府銀
行不必在其名稱中表示其「種類或專業」，以適應實際之情況。

詮釋（三）：銀行法對各類銀行之任務與營運內容分章予以規定：
銀行法第二十條僅列舉各類銀行之名稱而未涉及細節。至於各類銀行之
任務及其營運內容，則在銀行法有關各章中予以規定：計第三章商業銀
行，第四章儲蓄銀行，第五章專業銀行及第六章信託投資公司。

第四目　銀行之業務

本章對於銀行之業務計有三項規定。一為銀行業務項目之列舉，二
為決定個別銀行業務項目之程序，三為未經核准業務之禁止經營。茲分
別詮釋如次：

壹、列舉銀行經營之業務: 本法第三條規定, 銀行經營之業務如下:

（一）收受支票存款。

（二）收受其他各種存款。

（三）受託經理信託資金。

（四）發行金融債券。

（五）辦理放款。

（六）辦理票據貼現。

（七）投資有價證券。

（八）直接投資生產事業。

（九）投資住宅建築及企業建築。

（十）辦理國內外滙兌。

（十一）辦理商業滙票承兌。

（十二）簽發信用狀。

（十三）辦理國內外保證業務。

（十四）代理收付款項。

（十五）承銷及自營買賣或代客買賣有價證券。

（十六）辦理債券發行之經理及顧問事項。

（十七）擔任股票及債券發行簽證人。

（十八）受託經理各種財產。

（十九）辦理證券投資信託有關業務。

（二十）買賣金塊、銀塊、金幣、銀幣及外國貨幣。

（二十一）辦理與前列各款業務有關之倉庫、保管及代理服務業務。

（二十二）經中央主管機關核准辦理之其他有關業務。

詮釋（一）：銀行業務項目之增加：現行銀行法規定銀行經營之業務計有二十二款，與過去相較其增加及變動如下：(1)舊銀行法規定銀行經營之業務計有十一款，六十四年修正銀行法爲配合現代銀行業務發展趨勢乃將列舉項目增爲二十一款，計增加十款；六十七年七月十九日修正銀行法增列「經政府對專業銀行核准辦理之其他有關業務」（例如中小企業銀行經營之合會業務）一款，而使銀行業務項目增爲二十二款。(2)舊銀行法對於十一款銀行業務係按性質或重要性順序排列，並明訂「第一款至第六款爲銀行主要業務，第七款至第十一款爲銀行附屬業務」。六十四年銀行法修正以後，業已放棄主要業務與附屬業務之劃分。

詮釋（二）：配合現代銀行業務發展之趨勢：一般傳統觀念，認爲「存款、放款及滙兌」三者爲銀行業務之正統範圍。現代銀行業務發展之趨勢，使此項傳統觀念，發生重大的改變。在過去一般銀行係以工商業爲主要業務對象，其業務被稱爲「批發銀行業務」 (wholesale ban king)；近年各國銀行則轉而注重個人或家庭之業務拓展，被稱爲「零售銀行業務」（retail　banking）。其次，銀行業務趨向於多角化之經營：各銀行多努力於服務性業務之推廣與新種業務的開發，而邁向「百貨公司式銀行」（department store banking)的型態。

現行銀行法對於銀行業務的規劃，充分配合現代銀行業務發展的趨勢。就本法第三條所列舉之二十二款銀行業務分析：(1)依據業務性質劃分，屬於受信業務者計有七款（第一、二、三、四、十、十八及十九等，主要爲收受存款及發行債券諸業務）；屬於授信業務者計有八款（第五、六、七、八、九、十一、十二、十三等，主要爲放款、貼現及承兌諸業務）；屬於服務性及代理性業務者計有六款（第十四、十五、十六、十七、二十及二十一項）；性質未定者有一款（第二十二款）。(2)依據經營體系劃分，屬於一般銀行業務者計有十二款（第一、二、四、五、六、七、十、十一、十二、十三、十四及二十等）；屬於信託業務者計有七款（第三、八、九、十六、十七、十八及十九等）；屬於其他業務者計有三款（第十五、二十一及二十二等）。(3)依據資金關係劃分，有關資金來源之業務計有四款（第一、二、三及四等）；有關資金運用之業務計有五款（第五、六、七、八及九等）；屬於服務性之業務（提供金融性服務而不涉及銀行本身資金之營運）者計有十二款（第十至第二十一）；性質未定者有一款（第二十二）。

詮釋（三）：本條第二十二款原規定「經政府對專業銀行核准辦理之其他有關業務」，其適用範圍較狹。爲因應經濟金融環境之急遽變遷，並配合金融自由化之政策，故七十八年七月本法之修正條文，將本款改爲「經中央主管機關核准辦理之其他有關業務」，以期彈性放寬銀行之業務範圍，鼓勵銀行開發新種業務。本款修正條文爲彈性放寬銀行業務之基本規定，本法商業銀行章、儲蓄銀行章及信託投資公司章均予照列。

貳、個別銀行之業務項目須經 核定或特許之程序： 本法第四條 規定： 各銀行得經營之業務項目，由中央主管機關按其類別，就本法所定之範圍內分別核定， 並於營業執照上載明之。 但其有關外滙業務之經營，須經中央銀行之許可。

詮釋： 本法第三條所列舉二十二款銀行業務，係全體銀行可以經營之概括範圍。就任一個別銀行言，均不能經營所列舉之全部業務，或自行擇定其經營之項目；而應由財政部按銀行類別就第三條所定範圍予以核定（例如本法第七十一條規定商業銀行之業務有十三款，第七十八條規定儲蓄銀行之業務有十五款，第一○一條規定信託投資公司業務有十四款，第八十九條規定專業銀行之業務項目由財政部根據其主要任務並參酌經濟發展之需要予以核定）。至於有關金銀、外幣之買賣，及涉及外匯各款業務之經營，原規定須經中央銀行之特許。七十八年爲配合目前情況，已修正如上文之末段。

叁、未經核准業務之禁止經營： 本法第二十二條規定： 銀行不得經營未經中央主管機關核定經營之業務。

詮釋： 本條係本法第四條規定之消極規定。禁止各銀行經營未經財政部核定之業務。依本法第一百二十九條第一項規定，違反此項禁止者處新臺幣十五萬元以上一百八十萬元以下罰鍰。

第五目　主要名詞之定義

銀行法爲規範銀行業之特殊法。由於銀行之營運涉及很多金融方面之專門名詞， 是以若干國家之銀行法多在通則章中確定重要名詞之定義，以期前後一貫而不致發生含混不清與相互矛盾之現象。我國舊銀行

法對於銀行業務名詞之定義僅有五條, 甚難稱爲完備。 六十四年修正銀行法爲配合近年實際需要, 將之擴增三倍以上; 近年爲適應銀行作業之變化, 復對於部分名詞定義進一步加以修正或增列。 玆分別加以列舉及詮釋如次:

壹、 短期、 中期及長期信用 本法第五條規定: 銀行依本法辦理授信, 其期限在一年以內者, 爲短期信用; 超過一年而在七年以內者, 爲中期信用; 超過七年者, 爲長期信用。

詮釋: 我國銀行放款過去僅就質押放款與信用放款加以區分, 對於期限長短未能予以注意。 本條爲六十四年修正銀行法所增列, 旨在劃分放款期限之長短, 以便利按銀行之性質提供期限不同之信用; 例如商業銀行以供給短期信用爲主, 儲蓄銀行及大部分專業銀行以供給中長期信用爲主。 且自六十九年以後, 放款利率亦改以期限長短而定其高低。

貳、 收受存款 本法第五條之一規定: 本法稱收受存款, 謂向不特定多數人收受款項或吸收資金, 並約定返還本金或給付相當或高於本金之行爲。

詮釋 (一): 現行銀行法在六十四年公布時, 對於銀行收受存款行爲之意義並無具體之規定。 七十八年七月修正時, 爲保障社會大衆之權益, 及作爲法院認定非銀行業不法吸收資金行爲之依據, 遂增列本條 (內容如上文), 而使收受存款行爲獲得明確之定義與範圍。

詮釋 (二): 由於此項條文之增列, 本法進一步將所謂地下投資公司利用借款、 收受投資或其他名義以收受款項或吸收資金之行爲一律「以收受存款論」 (參看本法第二十九條之一), 而得依非銀行不得收受存款業務的認定而予以取締和制裁 (參看本法第二十九條)。

叁、 授信之意義 本法第五條之二規定: 本法稱授信, 謂銀行辦理放款、 透支、 貼現、 保證、 承兌及其他經中央主管機關指定之業務項目。

詮釋：儘管本法很多條文涉及多種授信行為，但本法對於授信一詞迄無明確之定義，以致在運用上頗有費詞及不便之處。八十一年十月修正銀行法乃在增訂本條，明白規定授信一詞之定義，其範圍一方面包括現有之一般授信行為（如放款、透支、貼現、承兌及保證），另一方面則透過可由財政部指定項目之方式，藉以保留擴充彈性而適應未來金融創新之需要。

肆、支票存款　本法第六條規定：本法稱支票存款，謂依約定憑存款人簽發支票或利用自動化設備委託支付隨時提取不計利息之存款。

詮釋：支票存款為銀行要求即付之負債。六十四年修正銀行法第六條規定「本法稱支票存款，謂依約定憑存款人所簽發之支票，隨時提取不計利息之存款。」對其特點（顧客可以支票提取而銀行不付利息）規定甚為明確。此項定義行之將近十年，未有改變。惟近年銀行為加強對顧客服務及減少不必要之作業，隨時可由顧客透過自動付款機或電腦終端機提取款項。因之，七十四年五月修正銀行法就本條條文增列支票存款可「利用自動化設備委託支付」字樣，俾能配合實際作業情況。

伍、活期存款　本法第七條規定：本法稱活期存款，謂存款人憑存摺或依約定方式隨時提取之存款。

詮釋：現行法中之活期存款亦為銀行要求即付之負債，其與支票存款不同之處，在於顧客憑摺提取而銀行須給付利息。六十四年修正銀行法規定「本法稱活期存款，謂存款人憑存摺隨時提取之存款」，明白顯示其特點之所在。惟近年銀行為加強服務，多與客戶訂定契約，憑水電公司等繳費通知單或稅捐機關之繳稅通知書而直接於客戶存款帳戶內撥付；同時銀行多設置自動付款機，或透過電腦作業付款，故付款方式亦不再以憑摺提取為限。為配合此項發展，七十四年五月修正銀行法乃將本條增列「或依約定方式」隨時提取字樣。

陸、定期存款　本法第八條規定：**本法稱定期存款，謂有一定時期之限制，存款人憑存單或依約定方式提取之存款。**

詮釋：定期存款之特質，在於顧客須到期始能提取而銀行亦須按存款期限長短而支付差別利息。六十四年修正銀行法第六條對之有具體之規定：「本法稱定期存款，謂有一定時期之限制，存款人憑存單於到期時提取之存款」。惟近年銀行紛紛辦理之綜合存款，係將活期存款、定期存款、存單質押擔保放款等帳戶納入一本存摺之內，此類存款不再使用存單；存戶憑存摺可以隨時存入、提取或借款。爲適應此種情況，七十四年修正銀行法爰在原條文中增列「或依約定方式」字樣，並取消於「到期時」三字。

柒、儲蓄存款　本法第九條規定：**本法稱儲蓄存款，謂個人或非營利法人，以積蓄資金爲目的之活期或定期存款。**

詮釋：儲蓄存款係來自民間以積蓄資金爲目的之存款，一般國家對之採取獎勵態度，而給予較高利息報酬及優先受償保障之優待；爲顯示其與普通存款（如一般活期及定期存款）有別，故對存款人及存款金額加以限制。例如六十四年修正銀行法規定，「本法稱儲蓄存款，謂個人或非營利法人，以積蓄資金的目的，憑存摺或存單提取之小額存款」。惟過去十年來，因事實上之需要，本條規定業已經過兩次修正：(1)六十六年修正銀行法將原條文中「小額」兩字予以取消，以示放寬金額之限制。(2)七十四年修正銀行法將其修正爲上述之現行條文，一方面將最末「存款」二字改爲「活期或定期存款」，顯示儲蓄存款包括活期與定期兩種性質之存款；另一方面取消憑「存摺或存單提取」六字，以表示提取方式之改變（活期儲蓄存款可憑約定在帳戶內逕行撥付，或透過自動付款機付款），而加強對客戶之服務。

至於銀行對儲蓄存款給予較定期存款爲高之利率優待，大抵在高利

率時期較為顯著；在低利率時期，則其差距降低甚至消滅。

捌、信託資金 本法第十條規定：本法稱信託資金，謂銀行以受託人之地位，收受信託款項，依照信託契約約定之條件，為信託人指定之受益人之利益而經營之資金。

詮釋：「受託經理信託資金」為本法第三條所定銀行業務項目之一，本條則在確定其意義。正如同存款為一般銀行之主要資金來源一樣，信託資金則為信託投資公司之主要資金來源；在銀行或信託投資公司之資產負債表中，二者亦同為主要之負債。但因信託資金涉及較為複雜之法律關係，同時信託資金又劃分為由公司確定用途與由信託人指定用途兩種，故其性質與存款有所不同。

玖、金融債券 本法第十一條規定：本法稱金融債券，謂銀行依照本法有關規定，為供給中期或長期信用，報經中央主管機關核准發行之債券。

詮釋：在舊銀行法中，並無金融債券之規定；六十四年修正銀行法新增本條，旨在配合中、長期信用體系之建立。對於儲蓄銀行及大部分專業銀行來說，發行金融債券為其籌措中、長期資金來源之一。

拾、擔保授信與無擔保授信 本法第十二條規定：本法稱擔保授信，謂對銀行之授信，提供下列之一為擔保者：

（一）不動產或動產抵押權。

（二）動產或權利質權。

（三）借款人營業交易所發生之應收票據。

（四）各級政府公庫主管機關、銀行或經政府核准設立之信用保證機構之保證。

本法第十三條規定：本法稱無擔保授信,謂無前條各款擔保之授信。

詮釋（一）：六十四年銀行法尚未明訂授信一詞之定義，故其第十

二條規定「擔保放款或保證」之意義，第十三條則規定「無擔保放款或
保證」之意義。這種僅列舉放款或保證之方式，對於種類繁多之授信行
為，構成以偏概全之缺點。八十一年銀行法確定授信一詞定義（見第五
條之二）後，即以「授信」代替六十四年銀行法所用「放款或保證」，
頗具簡化及概括作用，有利銀行實務之操作。

詮釋（二）：六十四年銀行法列舉五款擔保品，實行已有十餘年之
久。惟其中第五款之反面承諾，基本上缺乏擔保之性質，且公營銀行甚
少以此方式承作授信案件。為健全銀行經營，八十一年銀行法刪除反面
承諾為擔保品，而僅列舉四款（見本法第十二條）。

詮釋（三）：為保障銀行債權以減少其授信風險起見，上述銀行法
第十二條列舉四類擔保品，分別略加說明如下：(1)不動產或動產抵押
權：此為銀行擔保放款最常用的方式。此類抵押權依法設定（不動產依
民法設定抵押權，動產依動產交易法設定抵押權）後，銀行債權獲得保
障，而借款人仍保留抵押物之使用權，故對雙方均屬便利。(2)動產或權
利質權：動產質權之設定，以移轉占有為有效；權利質權之登記，須辦
理過戶手續始生效。(3)借款人營業交易所發生之應收票據：根據真實交
易行為所產生之應收票據，理論上稱之為真正票據或自償性票據（real
bill or selfliquidating bill）。作為放款擔保之此類票據，應為遠期票
據；根據財政部之規定，此類票據係以借款人營業交易中所產生之本票
或滙票為限，而不包括遠期支票在內。惟在實際上，過去我國商場交易
多數係以遠期支票為債權債務憑證；為符合財政部之規定，銀行辦理放
款所收客戶所提繳之遠期支票，均列為「副擔保」處理，而將其放款視
為無擔保放款。一般稱之為「客票融資」或「墊付國內票款」。(4)各級政
府公庫主管機關（在中央為財政部，在省為財政廳，在特別市為財政局）
之保證；各銀行（本國銀行、外國銀行及信託投資公司）之保證；經政

府核准設立之信用保證機構（中小企業信用保證基金及票券金融公司）
之保證。此類保證係以保證單位之信用，代替借款人之信用，在辦理時
由保證單位出具書面保證或信用狀，故其安全性甚高，頗受放款銀行之
歡迎。

　　詮釋（四）：上述四種擔保任何一種均可作爲擔保放款之擔保，但
就放款銀行債權之保障言，其安全性仍有相當差別；一般銀行認爲不動
產及動產之抵押權及質權之安全性較高，因而成爲普遍接受之擔保品，
故常被論者譏爲「開當舖」。以公庫主管機關及銀行提供之保證爲擔保
者，其安全性亦甚高而爲銀行所樂於接受。至於應收票據，被認爲安
全性較低；財政部曾規定以其爲擔保品之授信應提列較高比率之呆帳準
備。

　　拾壹、中、長期分期償還放款　本法第十四條規定：本法稱中、長
期分期償還放款，謂銀行依據借款人償債能力，經借貸雙方協議，於放款
契約內訂明分期還本付息辦法及借款人應遵守之其他有關條件之放款。

　　詮釋：美國一九三〇年代以後所推行之 term lending，已爲很多
國家所效法。本條爲六十四年修正銀行法所增訂，旨在對此類放款提供
一項明確之定義，而爲我國銀行業開創此類新型放款之基礎。

　　拾貳、商業票據及其貼現　本法第十五條規定：本法稱商業票據，
謂依國內外商品交易或勞務提供而產生之滙票或本票。

　　前項滙票以出售商品或提供勞務之相對人爲付款人而經其承兌者，
謂商業承兌滙票。

　　前項相對人委託銀行爲付款人而經其承兌者，謂銀行承兌滙票。出
售商品或提供勞務之人，依交易憑證於交易價款內簽發滙票，委託銀行
爲付款人而經其承兌者，亦同。

　　銀行對遠期滙票或本票，以折扣方式預收利息而購入者，謂貼現。

　　詮釋（一）: 本條原爲六十四年修正銀行法所增列（見上述條文之第一、二、四項及第三項之前半段），其主旨在對票據及貼現釐定其意義，俾使銀行辦理票據貼現業務有所依據。此項規定對於近年我國貨幣市場之發展以及商業票據之推廣流通（特別是銀行承兌滙票之盛行），頗有貢獻。

　　詮釋（二）: 六十四年修正銀行法僅准許銀行辦理「買方」委託之滙票承兌業務; 七十四年五月修正銀行法在本條第三項之末增列「出售商品或提供勞務之人，依交易憑證於交易價格內簽發滙票，委託銀行爲付款人而經其承兌者，亦同」一段，等於准許銀行辦理「賣方」委託之滙票承兌業務。此項新修正無異承認七十年以後貨幣市場中流行之事實（特別是外商銀行在臺分行所承作之「賣方」委託的銀行承兌滙票）。

　　詮釋（三）: 本法第三十一條規定，銀行擔任商業滙票之承兌，其與客戶間之權利義務關係，以契約定之。如需客戶提供擔保者，依本法第十二條所列各項之規定。

　　拾叁、信用狀　本法第十六條規定: 本法稱信用狀，謂銀行受客戶之委任，通知並授權指定受益人，在其履行約定條件後，得依照一定款式，開發一定金額以內之滙票或其他憑證，由該行或其指定之代理銀行負責承兌或付款之文書。

　　詮釋（一）: 簽發信用狀爲銀行業務項目之一，屬於授信性質之行爲。本條係六十四年銀行法所增列，旨在規定信用狀之意義。

　　詮釋（二）: 本法第三十一條規定，銀行開發信用狀，其與客戶間之權利義務關係，以契約定之; 如需由客戶提供擔保者，依本法第十二條所列各款之規定。

　　拾肆、存款準備金　本法第十七條規定: 本法稱存款準備金，謂銀行按其每日存款餘額，依照中央銀行核定之比率，存於中央銀行之存款

及本行庫內之現金。

　　詮釋: 舊銀行法將銀行存款準備金分為「付現準備金」與「保證準備金」兩部分; 六十四年修正銀行法將二者合併為單一存款準備金, 並明定依照中央銀行核定之比率辦理, 俾兼顧中央銀行對全國信用之控制。實行以來頗收簡化效果。

　　拾伍、銀行負責人　本法第十八條規定: 本法稱銀行負責人, 謂依公司法或其他法律或其組織章程所定應負責之人。

　　詮釋 (一): 依本法五十二條之規定, 銀行組織 (除法律另有規定或本法修正施行前經專案核准者外) 以股份有限公司為限。依公司法第八條規定, 股份有限公司之負責人為董事; 其監察人、經理人或清算人在其執行職務之範圍內, 亦為公司負責人。

　　詮釋 (二): 至於非公司組織之銀行, 或有其他法律為依據或係在本法修正前經專案核准設立者, 其負責人應為其他法律或其組織章程所定應負責之人。

　　拾陸、主管機關　本法第十九條規定: 本法稱主管機關, 在中央為財政部; 在省 (市) 為省 (市) 政府財政廳 (局)。

　　詮釋: 依本法處理之事項, 其主管機關如本條之規定。就公司組織之銀行言, 其涉及依公司法處理之事項 (如公司登記及變更登記等), 則以經濟部為中央主管機關。

第六目　銀行之資本

　　銀行之資本, 關係銀行財務基礎之健全及債權人權益之保障, 是以各國銀行法對之均有適當之規定。本目內容包括一、資本最低額之決定與

調整,二、資本之計算單位,三、股票之記名方式與四、股權之分配;其中第四項係爲配合民營銀行之開放而於七十八年修正銀行法時所增列。

　　壹、資本最低額之決定與調整　現行銀行法對於銀行資本採取最低額制度;資本未達最低水準者,無法取得設立經營之許可。關於此項最低額之決定與調整,**本法第二十三條規定:**

　　各種銀行資本之最低額,由中央主管機關將全國劃分區域,審酌各區域人口、經濟發展情形及銀行之種類,分別核定或調整之。

　　銀行資本未達前項調整後之最低額者,中央主管機關應指定期限,命其辦理增資;逾期未完成增資者,應撤消其許可。

　　詮釋(一):銀行最低資本額之制定,主要在防止資本不足銀行之濫設,以期維護銀行財務基礎之健全及銀行債權人之權益。美國銀行家協會認爲銀行維持一定水準之資本,其目的有四:(1)承受銀行經營可能遭受之損失,以提供存款人存款安全的保障;(2)提供銀行營業場所、設備及其他一切非生利資產的資金來源;(3)爲符合銀行監理當局有關資本適足性之規定;(4)使外界確信銀行有迅速清償一切債務之能力,縱使在經營發生虧損時,仍能維繫存款人之信心(參看樓偉亮作「銀行法修正草案析論」一文,刊臺灣經濟金融月刊第二十五卷第四期)。

　　詮釋(二):資本最低額係由財政部將全國劃分區域,分別加以核定或調整。其審核標準計有三項:(1)各區人口之多寡,(2)各區經濟發展之情形,(3)銀行種類之不同。目前臺灣省構成一個區域,各地人口多寡及經濟發展區別有限,在實際上,銀行種類之不同乃係最重要之標準。例如財政部卽根據此項規定,於六十四年十月核定商業銀行暨專業銀行中之工業、農業及不動產信用銀行之最低資本額爲新臺幣四億元;國民銀行爲三億元,信託投資公司爲二億元(六十七年七月提高爲四億元);銀行附設儲蓄部或信託部者,各該部之最低資本額各爲新臺幣五

千萬元，並應與本行之最低資本額分別核計。有些專業銀行爲達成特殊任務而不以吸收存款爲主要資本來源者，其資本額則個別核定，如交通銀行資本額高達一百億元。近年因金融規模擴大，各銀行爲改善財務結構及配合業務發展需要，紛紛奉准調高資本額，高達新臺幣五十億元以上之商業銀行比比皆是，中小企業銀行之增資比例亦高。此外信託投資公司及票券金融公司亦均展開此一方面之努力。

　　詮釋（三）：七十八年修正銀行法主要目的之一，在於開放民營銀行及金融機構之新設。在修正條文實施後，財政部卽根據本法授權規定設立商業銀行最低資本額爲新台幣一百億元；此項新標準對於現行標準勢將構成大幅之調高。今後新設銀行必須依照新標準始可取得創設之許可；現有銀行資本未達新標準者，必須依法於三個月內擬具增資計畫，報請財政部分別核定期限辦理增資，逾期未能完成者，將受撤銷許可之處分。至於他類銀行及其他金融機構之資本最低額，亦有隨時公布新標準之可能，因而迫使它們展開一再增資的活動。故伴隨修正銀行法的實施，我國銀行業資本結構的強化是可以預期的。

　　貳、銀行資本之計算單位　本法第二十四條規定：銀行資本應以國幣計算。

　　詮釋：依照本條規定，在中華民國境內營業之銀行，不論爲本國銀行或外國銀行之在臺分行，其資本均須以國幣爲計算單位。就過去言，銀行資本係以新臺幣三元折合國幣一元計算；就近年言，多數銀行之註冊資本均逕以新臺幣爲計算單位。

　　叁、銀行股票之記名方式　本法第二十五條規定：銀行股票應爲記名式（本法第一百二十九條規定，銀行違反規定發行股票者，處新臺幣十五萬元以上一百八十萬元以下罰鍰）。

　　詮釋：銀行股票採取記名方式，爲各國銀行之通例。由於銀行股票

可能在證券市場上交易及自由轉讓，如採無記名方式，易爲非公正人士或利益集團所操縱，則對銀行營運將會發生不良影響，甚至危害存款人利益。現行法明定銀行股票應爲記名式，具有防弊作用並便於查核。

肆、銀行股權之分散 爲防止金融壟斷起見，本法第二十五條於七十八年修正中增列第二項如下：

非經中央主管機關之許可，同一人持有同一銀行之股份，不得超過其已發行股份總數百分之五。同一關係人持有之股份總數不得超過百分之十五。

前項所稱同一人，指同一自然人或同一法人；同一關係人之範圍，包括本人、配偶、二親等以內之血親，及以本人或配偶爲負責人之企業。

本法修正施行前，同一人或同一關係人持有股份超過第二項之標準者，中央主管機關限期命其調整（本法第一百二十九條規定，違反本法持有超過規定標準股份者，處新臺幣十五萬元以上一百八十萬元以下罰鍰）。

詮釋：本項新增條文係七十八年修正本法主旨之一，其目的在於健全銀行制度。其內容可分爲下述各點：(1)規定大股東持股之最高比例，以避免銀行股權爲少數人壟斷之現象：規定同一人（指同一自然人或同一法人）持有同一銀行之股份，不得超過其已發行股份總數百分之五；同一關係人（包括本人、配偶、二親等以內之血親，及以本人或配偶爲負責人之企業）持有之股份總數不得超過百分之十五。(2)推行股權分散，以促進所有權與經營權之分離：透過對大股東限制持股之方式，實現股權分散之目標，發揮股份有限公司使所有權與經營權劃分之功能，因而健全銀行之經營制度。(3)對於特殊情況訂有適當處理方式：對於某些具有特殊情況之銀行（例如有特殊使命之專業銀行），在基本上無法

適用股權分散者，本法規定可「經中央主管機關之許可」而予以免除其適用。至於本法修正前公營銀行及部分民營銀行，其政府及部分私人股東持股超過百分之五者，為避免執行之困難，本法規定「中央主管機關限期命其調整」，以給予適時改進之時間。

第七目　銀行開業及設立之限制

銀行業為涉及公眾利益之營利事業，極應注重金融秩序而展開公平競爭，避免過度擴增而發生金融膨脹和惡性競爭。為實現此項目標，本法對於銀行之開業及增設等均加以適當之限制。

壹、銀行開業須先完成法定設立程序　本法第二十一條規定：銀行及其分支機構，非經完成第二章所定之設立程序，不得開始營業（本法第一百二十九條規定，銀行違反上述規定而為營業者，處新臺幣十五萬元以上一百八十萬元以下罰鍰）

詮釋（一）：本條規定銀行創立或增設分支機構時，須先完成法定程序（包括獲得財政部之設立許可，向經濟部辦妥公司設立登記及向財政部取得營業執照等）後，始得開始營業。其目的在防止同業不當競爭及維護金融秩序。

詮釋（二）：多年以來，我國甚少銀行之創立；分支機構之增設亦為數不多。影響所及，有些銀行（特別是基層金融機構）不惜私設分支機構，進行「無照營業」；或者未取得營業執照前業已先行開業，形成「先上車，後補票」的現象。此種不當之惡性競爭，足以破壞金融秩序，均為本條限制與禁止之對象。近年財政部對銀行增設分支機構頗有放寬，其情況已有改善。

貳、銀行不得經營未經核定經營之業務　本法第二十二條規定：銀行不得經營未經中央主管機關核定經營之業務。（依照本法第一百二十九條規定：銀行違反上述規定而爲營業者，處新臺幣十五萬元以上一百八十萬元以下罰鍰）

詮釋：各銀行得經營之業務項目，依本法由財政部按其類別分別核定（參看本法第四條）；本條進一步消極禁止銀行經營「未經核准經營之業務」，其目的在防止各銀行不務正業，淪爲「違規營業」之非法金融機構。

叁、新設銀行之區域性限制　本法第二十六條規定：中央主管機關得視國內經濟、金融情形，於一定區域內限制銀行或其分支機構之增設。

詮釋：一國金融機構數目之多寡，在基本上決定於該國經濟及金融活動之需要。如果採取完全自由放任之政策，勢必導致金融單位過濫過多，每單位服務對象不足或過少，形成銀行業之惡性競爭與金融資源之浪費。面對此種情況，我國乃參考各國立法先例，在本條中規定財政部得視國內經濟及金融情況，限制一定區域內銀行或其分支機構之增設。此項規定之作用，可分兩方面觀察：(1)本省幅員甚狹，各縣市均屬一個經濟區域，故今後對於新創銀行之多寡，應從經濟及金融需要（包括每單位之服務人員）方面，進行通盤之考慮；必要時運用本條規定加以限制。(2)近年我國銀行已出現過度集中現象，各大都市（特別是臺北東區）均有銀行林立不勝擁擠情形，今後對於銀行分支機構之增設尤應注意各地區經濟發展之需要和差距，不再走向治絲益紛的方向，避免形成一窩風在臺北及其他大都市擁塞的現象。

肆、銀行設立國外機構應採審愼程序　本法第二十七條規定：銀行在國外設立分支機構，應由中央主管機關洽商中央銀行後核准辦理。

詮釋（一）：銀行在國內設立分支機構，係由財政部予以許可；至於銀行在國外設立分支機構則因涉及外匯業務及國際金融層面，財政部

應在洽商中央銀行後始能予以核准辦理，故其程序較爲複雜和嚴謹。

詮釋（二）：近年我國已有中國國際商業銀行、第一銀行、交通銀行等多家銀行獲准在國外設立分行，預期我國銀行業在金融國際化之努力下，近期內可能有較多單位之增加。

第八目　銀行之兼營業務

我國銀行法將銀行分爲四類，每類銀行均有其特質，故某類銀行兼營他類銀行業務非其所宜和必要。惟爲配合銀行經營多角化之趨勢，並對顧客提供廣泛服務起見，**現行銀行法第二十八條乃有如下之規定：商業銀行及專業銀行得附設儲蓄部及信託部，但各該部資本、營業及會計必須獨立，並依第二十三條、第二章及第四章或第六章之規定辦理（本法第一百二十九條規定，銀行違反第二十八條對資本、營業及會計不爲劃分者，處新臺幣九萬元以上一百八十萬元以下罰鍰）。**

詮釋（一）：採取部分開放之原則：本法僅准商業銀行及專業銀行得附設儲蓄部及信託部；相對的，儲蓄銀行及信託投資公司則不得附設商業銀行部。換言之，銀行兼營他類銀行業務僅係局部性之開放。

詮釋（二）：注重獨立經營之原則：本法規定銀行附設之儲蓄部及信託部，其資本、營業及會計必須獨立而不得與銀行部混同。

詮釋（三）：兼營業務之範圍較狹：銀行附設之儲蓄部及信託部，其可得經營之業務項目，依法應由財政部在儲蓄銀行及信託投資公司之業務法定範圍（參看本法七十八條及一百零一條）內予以核定。在實際上其範圍較儲蓄銀行及信託投資公司爲狹。

詮釋（四）：附設單位之展望：我國迄今尚無正式儲蓄銀行之成立，

致全體商業銀行及多數專業銀行均有儲蓄部之附設，若干銀行亦有信託部之附設，其業務亦多以證券經紀業務（即代客買賣股票）為主。七十八年修正銀行法施行後，如財政部依法核准商業銀行辦理儲蓄存款業務（甚至信託業務）時，則今後銀行不會再有附設單位之增加；而現有附設單位是否應維持資本、營業及會計之獨立，亦將成為值得檢討之問題。

第九目　非銀行經營銀行業務之禁止、取締與處罰

非銀行經營銀行業務在我國甚為盛行，過去有所謂「地下錢莊」，近年則所謂「地下投資公司」更屬風行一時。此項非法組織之非法行為，不但足以破壞金融秩序與紀律，並且足以損害社會大眾之利益。針對此種情況，六十四年銀行法，早有禁止與取締之規定；惜因內容未切實際，以致執行效果不彰。七十八年銀行法之修正，對於非銀行經營銀行業務之範圍認定、取締之責任機關與處置方法，以及處罰之標準等項，重新予以周詳之規定。茲先將此項修正後之條文予以列舉，然後在詮釋中予以重點之說明：

本法第二十九條規定：除法律另有規定者外，非銀行不得經營收受存款、受託經理信託資金、公眾財產或辦理國內外匯兌業務。

違反前項規定者，由主管機關或目的事業主管機關會同司法警察機關取締，並移送法辦；如屬法人組織，其負責人對有關債務，應負連帶清償責任。

執行前項任務時，得依法搜索扣押被取締者之會計帳簿及文件，並得拆除其標誌等設施或為其他必要之處置（本法第一百二十五條規定，違反第二十九條第一項之規定者，處一年以上七年以下有期徒刑，得併科新臺幣三百萬元以下罰金）。

本法第二十九條之一規定：以借款、收受投資、使加入爲股東或其他名義，向多數人或不特定之人收受款項或吸收資金，而約定或給付與本金顯不相當之紅利、利息、股息或其他報酬者，以收受存款論。

　　詮釋（一）：違法行爲範圍之確定：關於非銀行經營銀行業務之違法，本法原有規定，七十八年修正時未加變動（見上述本法第二十九條第一項之規定）。惟其中最主要之項目（非銀行不得經營收受存款業務），近年卻爲地下投資公司利用「借款、收受投資、使加入爲股東……」等名義來變相進行。影響所及，竟使地下投資公司吸收存款的違法行爲，得鑽漏洞而逍遙於法外。爲維護金融秩序及保障社會大眾之利益，七十八年銀行法特別增訂第二十九條之一（內容見上文），將「借款、收受投資、使加入爲股東……」等行爲一律視爲收受存款之範圍。此項修正有效的確立了非銀行違法行爲的範圍，可以作爲法院認定此類違法行爲的依據，實爲防止及制裁地下投資公司違法活動之有力武器。

　　詮釋（二）：取締違法之機關與方法：關於非銀行經營銀行業務之違法行爲，六十四年銀行法僅規定「由主管機關查明取締」，但因主管機關並非目的事業主管機關，以致取締工作不易推展。七十八年修正銀行法，規定違法者「由主管機關或目的事業主管機關會同司法警察機關取締」，明確規定負責取締之機關（據報載爲財政部或經濟部會同司法行政部調查局等），足以保證取締工作之有效運行。其次，六十四年銀行法對於非法行爲僅規定「其取締辦法由中央主管機關定之」；但因主管機關十年來迄未訂定此項取締辦法，而使取締工作成爲空言。七十八年銀行法則具體規定，取締機關「得依法搜索扣押被取締者之會計帳簿及文件，並得拆除標誌等設施或爲其他必要之處置」。故自新條文實施以來，此項取締工作在短期內即已劍及履及的展開。

　　詮釋（三）：違法行爲之加重處罰：非銀行經營銀行業務之違法

行爲，多已觸犯刑法之詐欺罪、侵佔罪，惡性相當重大，故七十八年修正銀行法規定「處一年以上七年以下有期徒刑，得併科新臺幣三百萬元以下罰金」。此項加重處罰之規定，旨在顯示法律取締非法金融機構之決心，加強整飭金融秩序之效果。

第十目　股份有限公司之反面承諾

六十四年銀行法第三十條所訂股份有限公司之反面承諾，係以美國銀行業所行之 Negative Pledge 爲藍本；同法第十二條並將之訂爲擔保放款五款擔保品之一。惟實施十七年以來，績效並非良好。以致八十一年修正銀行法業已取消其作爲擔保品之資格（本法十二條）；但其內容仍全部保留於第三十條。今後此項反面承諾僅能適用於無擔保授信而不再構成擔保授信之擔保品。其功能可謂已告名存實亡。茲就第三十條之規定，說明其內容、優點及缺點如下：

本法第三十條規定：銀行辦理放款、開發信用狀或提供保證，其借款人、委任人或被保證人爲股份有限公司之企業，如經董事會議決，向銀行出具書面承諾，以一定財產提供擔保、及不再以該項財產提供其他債權人設定質權或抵押權者，得免辦或緩辦不動產或動產抵押登記或質物之移轉占有。但銀行認爲有必要時，債務人仍應於銀行指定之期限內補辦之。

借款人、委任人或被保證人違反前項承諾者，其參與決定此項違反承諾行爲之董事及行爲人應負連帶賠償責任（本法第一百二十六條規定：股份有限公司違反其依第三十條所爲之承諾，其參與決定此項違反承諾行爲之董事及行爲人，處三年以下有期徒刑、拘役或科或併科新臺幣一百八十萬元以下罰金）。

詮釋（一）：反面承諾之內容：由於抵押權之設定登記及質物之移轉占有，過程複雜而耗時費事，如改由借款人提供反面承諾，即得免辦或緩辦此類手續，而使銀行及借款人均享方便之益。(1)銀行對股份有限公司放款（或開發信用狀與提供保證）時，如經該公司董事會議決承諾提供一定財產爲擔保品同時不再以該項財產提供其他債權人爲擔保品時，即可免辦或緩辦設定抵押權或質物之移轉占有。(2)爲保障銀行之債權，銀行可要求債務人於指定期間內補辦之。(3)爲防止借款人違反此項承諾，除規定其董事及行爲人擔負連帶賠償責任之外，並處以徒刑及巨額罰金之處罰。

詮釋（二）：反面承諾之優點：此項辦法免除複雜之物權登記手續，一方面可使信譽良好之股份有限公司可以迅速獲得資金融通，另一方面亦可使銀行債權獲得相當之保障，較一般無擔保之信用放款爲可靠，故係值得嘗試之新觀念與新方法。

詮釋（三）：反面承諾之缺點：此項辦法之成功運用，係以提供承諾公司之恪守信用爲前提。如債務人違反承諾而同時將其財產提供其他債權人設定抵押權或質權，或向其他銀行重複提供反面承諾，則一旦公司發生倒閉時，儘管公司負責人會受到法定之制裁，但銀行之債權亦將無法獲得保障而蒙受損失。

總括而言，本法反面承諾之規定，原屬良法美意。但因我國商業道德欠佳，違約背信情況時有發生，致實行效果並不良好。在過去將近二十年中，銀行因受多次敎訓（以啓達公司貸款案爲最著），認爲風險甚大，對其運用多採疑慮而謹愼之態度。影響所及，導致八十一年銀行法取消其作爲擔保品之資格（第十二條）。現在反面承諾之內容雖仍完整保留（第三十條），但其功能已經今不如昔了。

第十一目 防範銀行對關係人員不當授信之規定

銀行為金融中介機構，具有高度公益性質，其授信活動臧否不但攸關其本身經營之健全與成敗，同時亦足影響整個國家經濟之榮枯。為防範經營者之公器私用而將其資金作不當之運用起見，本法依據資金風險分散之原則，早在民國六十四年銀行法中已有禁止及限制之具體規定（本法第三十二條及第三十三條）； 其後復為消弭金融危機及因應新銀行開放設立之需要，分別於七十四年、七十八年及八十一年之修正銀行法中增訂內容更為周密之條款（本法第三十三條之一、之二及之三），藉收加強規範銀行不當授信之效果。本目所述，包括下列四種禁止及限制之規定： （壹）禁止銀行對關係人員等為無擔保之授信； （貳）限制銀行對關係人員等辦理擔保授信之條件； （參）禁止及限制銀行對往來銀行關係人員等交互辦理授信； （肆） 限制銀行對單一客戶大額授信之金額。至於補充（壹）（貳）兩項之利害關係者的規定，則列入第（伍）項中。

壹、禁止銀行對關係人員等為無擔保之授信 本法第三十二條規定： 銀行不得對其持有實收資本額百分之三以上之企業， 或本行負責人、職員、或主要股東，或對與本行負責人或辦理授信之職員有利害關係者，為無擔保授信。但消費者貸款及對政府貸款不在此限。

前項消費者貸款額度，由中央主管機關定之。

本法所稱主要股東係指持有銀行已發行股份總數百分之一以上者； 主要股東為自然人時，本人之配偶與其未成年子女之持股應計入本人之持股 。 （本法第一百二十七條之一規定： 違反本條規定者， 其行為負

責人處三年以下有期徒刑、拘役或科或併科新臺幣一百八十萬元以下罰金）

詮釋（一）：無擔保授信風險較高，銀行對於此類授信，一般均採審慎態度。爲求進一步防止銀行內部人員等利用職權及影響力，向銀行爭取此類授信，以達其圖利自己或利益輸送之目的起見，本法自六十四年修正時起，即訂有防範此類流弊之條文，藉以維護經營之健全及保障存款人之權益。

禁止銀行辦理無擔保授信之對象，原以「本行之負責人或職員」爲限：七十四年修正時增列「與本行負責人或辦理授信職員有利害關係者」。八十一年修正進一步再增列關係企業及主要股東。此項禁止辦理無擔保授信之對象，包括三個層面的個人和企業：(1)關係企業，銀行持有實收資本總額百分之三以上之企業；(2)內部人員，本行負責人、職員或主要股東（指持有銀行已發行股份總數百分之一以上者，本人配偶與未成年子女之持股應計入本人之持股）；(3)與本行負責人或辦理授信之職員有利害關係者，本法第三十一條之一對其範圍有具體之列舉規定。

詮釋（二）：關於禁止銀行對內部人員辦理無擔保授信之原則，本法爲顧及實際需要，本條訂有兩項「不在此限」的例外規定：(1)消費者貸款：消費者貸款屬於無擔保授信，上述禁止原則如果普遍適用，勢將影響很多關係人員（特別是銀行內部一般職員）無法取得此項授信。在實際上，消費者貸款乃係小額貸款，且可採取分期償還方式，貸款銀行所冒風險有限。因此本條規定，消費者貸款不在禁止之內；同時規定其貸款額度，由中央主管機關定之（目前核定額度爲新臺幣六十萬元）。(2)對政府貸款：在公營銀行尚未完全民營化之前，以及將來政府對部分銀行仍會持有相當股權之情況下，依本條規定政府勢將成爲若干銀行不能辦理無擔保授信之對象。在實際上，政府貸款風險甚小，且部分係爲

配合經濟發展所需；因此本條亦將對政府貸款列爲不受禁止之例外。

貳、限制銀行對關係人員等辦理擔保授信之條件　本法第三十三條規定：銀行對其持有實收資本總額百分之五以上之企業，或本行員責人、職員、或主要股東，或對本行員責人或辦理授信之職員有利害關係者爲擔保授信，應有十足擔保，其條件不得優於其他同類授信對象，如授信達中央主管機關規定金額以上者，並應經三分之二以上董事之出席及出席董事四分之三以上同意。

前項授信限額、授信總餘額、授信條件及同類授信對象，由中央主管機關洽商中央銀行定之。（罰則：本法第一百二十七條之一規定：違反上述規定者，其行爲員責人處三年以下有期徒刑、拘役或科或併科新臺幣一百八十萬元以下罰金）

詮釋（一）：擔保授信對銀行債權提供相當可靠之保障，故本法允許銀行對其內部人員等辦理擔保授信，而不像對無擔保授信那樣加以禁止。但爲防止此類人員利用其地位及職權，取得較一般客戶較爲優惠之待遇起見，故在六十四年修正時在第三十條中有規範銀行對關係人擔保授信之規定。七十四年及八十一年修正時，並先後擴大適用之範圍及加強限制方法之內容。

限制銀行辦理擔保授信之對象，與上述禁止銀行辦理無擔保授信之對象完全相同，也包括三個層面的個人和企業：(1)關係企業，(2)內部人員，(3)與本行負責人等有利害關係者。詳細內容已見上文，茲不贅述。

詮釋（二）：關於限制銀行對內部人員辦理擔保授信之方法，本法六十四年之規定較爲簡單；經過七十四年及八十一年兩度補充後，其內容已經相當嚴密。就八十一年底言，計包括下列三項：(1)關於擔保方面：本條規定此類授信「應有十足擔保」。在此項規定之影響下，授信銀行對於擔保品之授信值的審核，必較過去更爲嚴格。(2)關於授信條件方

面: 本條規定「不得優於其他同類授信對象」。此項規定為本法規範限制政策之基本方法, 推行後不但可以確保銀行權益, 同時對一般普通客戶亦可維持公平及合理待遇。 (3)關於此類授信之額度方面: 為防止此類授信過度膨脹, 以致影響銀行資金之合理分配, 本條規定其授信總餘額, 由中央主管機關洽商中央銀行定之。(4)關於超額授信之處理程序方面: 本法限制此類授信之對象, 對於授信金額雖然不分軒輊, 但就維護銀行整體利益之結果言, 則特別注重大額授信之程序上的限制。本條規定「如授信達中央主管機關規定金額以上者, 並應經三分之二以上董事之出席及出席董事四分之三以上之同意」; 其主旨所在, 厥為透過較一般授信案件更為嚴格之審議程序, 以達貫徹限制政策之目的。

詮釋（三）: 本條有關銀行授信之限制涉及若干具體標準之釐訂。為補充本法條文無法詳細規定之缺點並作為執法之依據起見, 本條第三項規定「前項授信限額、授信總餘額、授信條件及同類授信對象, 由中央主管機關洽商中央銀行定之」; 其中授信限額、授信條件及同類授信對象三者, 均係八十一年修正銀行法所增訂者。

叁、禁止及限制銀行對往來銀行之負責人等交互辦理授信 本法第三十條之二規定: 銀行不得交互對往來銀行之負責人、主要股東, 或對該負責人為負責人之企業為無擔保授信, 其為擔保授信應依第三十三條規定辦理。（罰則: 本法第一百二十七條之一規定: 違反本條規定者, 其行為負責人處三年以下有期徒刑、拘役或科或併科新臺幣一百八十萬元以下罰金）

詮釋（一）: 關於規範銀行對內部人員等之授信行為, 本法第三十二條及第三十三條分別有所規定（前者禁止辦理無擔保授信, 後者限制辦理授信之條件）, 立法主旨至為明顯。但如銀行利用對往來銀行內部人員等進行交互授信之方法, 即可破壞上述法定藩籬而達到脫法圖利之

目的。過去我國銀行多屬公營，此種脫法行爲尚不致發生；最近則由於成立新商銀十五家而公營銀行亦正邁向移轉民營之方向，故發生此類脫法行爲之機會大爲增加。面對此種財團滲入銀行體系之情況，八十一年修正銀行法乃有本條之增列。

詮釋（二）：本條限制對往來銀行內部人員等授信之方法，包括下列兩項：(1)禁止爲無擔保之授信：爲防止此種交互授信之脫法行爲，本條規定銀行不得交互對其往來銀行之負責人、主要股東或對該負責人爲負責人之企業等「爲無擔保授信」。換言之，其禁止對象與本法第三十條之規定大體相同，不過範圍較狹而已。(2)限制擔保授信：本條規定銀行對其往來銀行之負責人等可辦理擔保授信，「應依第三十三條之規定辦理」，也就是應有十足之擔保，其條件不得優於其他同類授信，以及超額授信應經過銀行董事之愼重審議程序。

肆、限制對單一客戶大額授信之金額 本法第三十三條之三規定：中央主管機關對於銀行就同一人或同一關係人之授信或其他交易得予限制，其限額由中央主管機關定之。前項所稱同一人及同一關係人之範圍，適用第二十五條第三項規定。

詮釋（一）：本條限制銀行對單一客戶大額授信與交易之目的，在於促使銀行可貸資金之合理配置，以期降低銀行授信之風險。由於銀行之經營係以負債換取資產，如果大額授信案件比例過高，勢將影響銀行資產之合理分配而形成授信品質不佳之現象，因而危及銀行業務之正常運作及健全經營。

詮釋（二）：本條之內容在於授權財政部得就銀行對單一客戶之授信或其他交易的金額予以金額的限制（此項限額之標準，將由財政部予以制定）。所謂單一客戶係指同一人或同一關係人，其範圍適用本法第

二十五條第三項之規定（同一人指同一自然人或同一法人；同一關係人
包括本人、配偶、二親等以內之血親，及以本人或配偶為負責人之企
業）。

　本條有關銀行對單一客戶大額授信之限制，其對象並非以少數特殊
客戶為限而可普遍適用於所有一般客戶。不過本文所定之一般性限制，
對於本法第三十二條、第三十三條及第三十三條之二所定之特殊性限制
（限制銀行對內部人員等及往來銀行內部人員等之規範），可以發揮加
強效果之作用。在實際上，銀行對內部人員等之授信，其發生大額不當
授信之機會較大，故本條規定自有其不可忽視之重要性。

　伍、利害關係者之範圍　本法第三十三條之一規定：前二條所稱有
利害關係者，謂有下列情形之一而言：

（一）銀行負責人或辦理授信之職員之配偶，三親等以內之血親或
　　　二親等以內之姻親。
（二）銀行負責人、辦理授信之職員或前款有利害關係者獨資、合
　　　夥經營之事業。
（三）銀行負責人、辦理授信之職員或第一款有利害關係者單獨或合
　　　計持有超過公司已發行股份總數或資本總額百分之十之企業。
（四）銀行負責人、辦理授信之職員或第一款有利害關係者為董
　　　事、監察人或經理人之企業。但其董事、監察人或經理人係
　　　因投資關係，經中央主管機關核准而兼任者，不在此限。
（五）銀行負責人、辦理授信之職員或第一款有利害關係者為代
　　　表人、管理人之法人或其他團體。

詮釋（一）：本條係七十四年銀行法所增訂，對於本法三十二條及三十三條所涉及之「利害關係者」予以明確而具體之規定，以便執法者及銀行人員之遵循。七十四年前後，部分金融機構因對利害關係者授信過多及不當而引起經營危機，其事頗有促成制訂本條之影響。

詮釋（二）：所謂利害關係者係指與銀行負責人及辦理授信職員有利害關係之個人及企業。其中銀行「負責人」在本法及公司法中均有具體規定，在實際上容易認定；至於「辦理授信人員」則並無明顯界說，究竟涉及那些性質及那些階層之授信人員，尚待進一步之解釋與澄清。

詮釋（三）：與銀行負責人及授信人員有利害關係之企業單位，包括(1)獨資及合夥經營之事業，(2)持有資本總額百分之十以上之企業，(3)擔任董事、監察人或經理人之企業（但係因投資關係經財政部核定而擔任者不在此限）。

詮釋（四）：銀行負責人或授信職員擔任代表人，管理人之法人或其他團體包括學校、公益慈善團體、祭祀公所及非法人團體。

詮釋（五）：與銀行負責人或授信人員有利害關係之個人，包括配偶、三親等以內之血親或二親等以內之姻親。對於辦理授信之銀行來說，隨時注意如此複雜之個人資料，將是一項相當繁複而困難的工作。

詮釋（六）：七十八年修正銀行法將銀行負責人或辦理授信職員之配偶及一定範圍內之親屬增列於條文之內，俾防止銀行內部人員以「其他親屬」名義授信，以規避不得辦理無擔保授信及有擔保授信之條件不得優於他人的限制。

第十二目　禁止銀行及其人員之不當行為

為維護金融業之公平競爭，本法禁止各銀行以不正當方法吸收存款；為防止發生弊端及保持銀行形象，本法禁止銀行從業人員收取不當利益之行為；為防止利益衝突及維護金融秩序，本法禁止銀行人員兼任其他銀行職員。茲分述如下：

壹、禁止銀行以不當給與方法吸收存款　本法第三十四條規定：銀行不得於規定利息外，以津貼、贈與或其他給與方法吸收存款。但對於信託資金依約定發給紅利者，不在此限（本法第一百三十一條規定，違反規定吸收存款者，處新臺幣三萬元以上六十萬元以下罰鍰）。

詮釋（一）：為防止銀行以不當給與方式競爭存款，導致成本增加而破壞合理營運起見，本法乃有禁止以津貼，贈與及其他方法吸收存款之規定。不過在資金缺乏時期，各銀行（特別是信用合作社）為爭取存款以達成業績目標，仍不免對顧客有贈品之行為。

詮釋（二）：過去各種存款之最高利率係由中央銀行核定，而各銀行對於各類存款均按最高利率支付利息，故過去在利率方面並未形成競爭。惟自六十九年年末以來，銀行可轉讓定期存單之利率已不受央行所定存款最高利率之限制，故在七十年六月以前之高利率階段，曾經發生提高存單利率之競爭。其後銀行存款利率持續下降達七年以上，各銀行又在央行所定上限之下，維持適度之競爭。七十八年七月修正銀行法通過實行，央行規定存款利率之上限完全取消，各銀行可以在完全自由化之環境下進行競爭。

貳、禁止銀行人員收取不當利益之行為　本法第三十五條規定：銀行負責人及職員不得以任何名義向存戶、借款人或其他顧客收受佣金、酬金或其他不當利益（本法第一百二十七條規定，違反上條規定者，處三年以下有期徒刑、拘役或科或併科新臺幣一百八十萬元以下罰金。但其他法律有較重之處罰規定者，依其規定）。

詮釋（一）：銀行業爲涉及公眾利益之服務業，銀行人員如有收取不當利益之行爲，不但會增加顧客負擔而損害社會公益，同時亦將醜化銀行形象及破壞金融紀律。本法爲防止此種現象發生，故對不肖銀行人員此種不當行爲根本予以禁止，並對違法者訂有包括自由刑之嚴厲制裁。

詮釋（二）：在存款方面，部分顧客爲取得支票存款之開戶或支票退票之變通處理而對貪瀆銀行人員予以酬勞；此種行爲即構成違法之行爲。

詮釋（三）：在放款方面，部分借款人爲取得銀行之貸款，可能以致送禮品、回扣甚至現金等方式向銀行人員進行賄賂。此種貪污違法之行爲自屬更爲嚴重。

叁、禁止銀行人員兼任其他銀行職務 **本法第三十五條之一規定: 銀行之負責人及職員不得兼任其他銀行任何職務。但因投資關係並經中央主管機關核准者，得兼任被投資銀行之董事或監察人（本法第一百二十七條之三規定，銀行負責人或職員違反規定兼職者，處新臺幣十五萬元以上一百八十萬元以下罰鍰。其兼職係銀行指派者，受罰人爲銀行。）**

詮釋（一）：爲防止發生利益衝突 (conflict of interest)，六十六年十二月二十九日修正銀行法增列三十五條之一，規定銀行負責人及職員不得兼任其他銀行之任何職務。

詮釋（二）：爲適應我國銀行常有投資其他銀行而指派代表擔任被投資銀行之董事或監察人的事實，六十八年十二月五日修正銀行法乃於本法第三十五條之一後段增列但書之規定。

第十三目　銀行負責人資格條件之規定

關於銀行負責人應具備之資格條件，本法第三十五條之一規定: **銀**

行負責人應具備之資格條件，由中央主管機關定之。

詮釋（一）：我國銀行法對於銀行負責人應具備之資格條件，過去並無規定。上引條文係七十八年修正銀行法新增之條文。鑑於銀行經營之成敗，較一般公司對社會秩序之影響尤為深遠，因此本法對銀行負責人之資格條件特別予以重視。希望透過較嚴格之規定，對銀行負責人加以積極條件及消極條件之限制；藉以提高銀行負責人之品質，而有助於銀行之穩健經營，維護存款人之利益。

詮釋（二）：關於銀行負責人資格條件，本法規定「由中央主管機關定之」。財政部於七十九年四月中旬公布商業銀行設立之標準，其中即包括銀行負責人之資格標準，詳見本書第二章第一目。

第十四目　銀行主要資產與負債之管理

為防止銀行高風險授信及投資之膨脹，本條一方面對無擔保授信予以適當限制。另一方面則對其主要資產與負債實施合理之管理。其主旨端在減少銀行之經營風險，藉以確保存款人權益及金融市場之秩序。

本法第三十六條規定：　中央主管機關於必要時，　經洽商中央銀行後，　得對銀行無擔保之放款或保證，予以適當之限制。

中央主管機關於必要時，經洽商中央銀行後，得就銀行主要資產與負債之比率，主要負債與淨值之比率，規定其標準。凡實際比率未符規定標準之銀行，中央主管機關除依規定處罰外，並得限制其分配盈餘。前項所稱主要資產及主要負債，由中央主管機關斟酌各類銀行之業務性質規定之。（罰則：本法第一百二十九條規定，違反中央主管機關依第三十六條規定所為之限制者，處新臺幣十五萬元以上一百八十萬元以下罰鍰）

　　詮釋（一）：無擔保授信之限制：本法第三十二條曾對銀行之關係人等之無擔保授信加以禁止。本條則以銀行一般客戶爲適用對象，對無擔保授信予以合理及溫和的限制。就本條內容觀察，可知本法對於此項限制之運用，採取頗爲審慎之態度：(1)對於限制之設立，財政部不能自行決定，須洽商中央銀行後始得爲之。(2)在正常時期不能實施此項限制，只有在「必要時」始可實施；大體而言，必須在通貨膨脹壓力強大而採取收縮性金融政策時，始會予以執行。(3)限制程度則以適當爲限。

　　詮釋（二）：主要資產及負債之管理：爲健全銀行之經營，本條對於第一項限制銀行無擔保授信外，並爲因應新銀行開放及自由競爭加劇的情況，於八十一年修正銀行法增列本條之第二項，進一步對銀行資產與負債加以管理。其內容可分別加以說明：(1)必要時規定主要資產與負債及主要負債與淨值的比率標：中央主管機關在必要時可在洽商中央銀行後，就銀行主要資產與主要負債之比率、主要負債與淨值之比率，規定其標準；作爲銀行健全經營之努力之目標。(2)明定未達規定標準者之處罰方法：除依本法第一百二十九條處以罰鍰外，並得限制其分配盈餘。(3)主要資產與負債等內容之規定：主要資產與負債之監理重點，因各銀行業務性質不同，且因環境改變，認同標準亦隨之變動，本條增列第三項，授權由中央主管機關定之。

第十五目　擔保品之放款值及最高放款率

　　爲保障銀行之債權，在原則上每筆放款之數額，應低於擔保品之價值，並保留適當之安全邊際；因此擔保品「放款值」之決定，構成銀行作業中之重要事項。同時中央銀行爲防止信用之過度擴充，對於擔保品

之最高放款率亦有予以規定之必要。

本法第三十七條規定: 借款人所提質物或抵押物之放款值, 由銀行根據其時值、折舊率及銷售性, 覈實決定。中央銀行因調節信用, 於必要時得選擇若干種類之質物或抵押物, 規定其最高放款率。

詮釋(一): 借款人所提擔保品(質物或抵押物)之放款值, 原則上為銀行對該筆擔保授信之最高數額。借款人為取得較多借款, 希望擔保品放款值之估算愈高愈好; 銀行為顧及債權之安全, 對之多採保守態度。

詮釋(二): 舊銀行法規定, 銀行放款以不動產為抵押或質者, 每項放款之數, 不得超過抵押品或質物時價百分之七十。此項比較武斷之規定, 對於以政府債券及銀行定期存單等作質之借款, 未能考慮其價值穩定、市場銷售性高且無折舊損耗之特性, 顯然有失公平, 以致時論頗有批評。

詮釋(三): 現行銀行法放棄依擔保品時價固定比率(七〇%)決定放款值之規定, 改為授權銀行根據擔保品之時值、折舊率及銷售性等項, 覈實決定其放款值, 俾增加銀行放款業務之彈性而能適應產業發展之需要。由於擔保品所擔保之債權, 除本金外尚包括利息及必要之費用, 情形甚為複雜, 臺北市銀行公會為配合銀行法規定, 擬定擔保品估價統一標準辦法, 分函會員銀行, 以供各會員銀行辦理擔保放款之參考。

詮釋(四): 為便利中央銀行調節信用之活動, 本條第二項並明定中央銀行得規定擔保品之最高放款率: 其中強調「必要時」, 大約係指在經濟情況發生極端變動之時始得予以規定; 其次由於擔保品種類繁多, 故得擇類規定最高放款率而非普遍予以規定。

第十六目　中、長期分期償還放款之適用對象及其限制

本法第十四條規定中、長期分期償還放款之定義（謂銀行依據借款人償債能力、經借貸雙方同意，於放款契約內訂明分期還本付息辦法及借款人應遵守之其他有關條件之放款）。關於辦理此類放款之銀行並未加以限制；而對借款人所借得資金之用途，亦未加以具體劃分。惟鑑於房屋建築融資及耐久消費品放款，在我國經濟活動中日漸重要，故在本法第三十八條至四十條之條文中，特別規定此兩類放款得適用中、長期分期償還放款之方式及中央銀行必要時得對其條件及期限加以規定及管理。茲列舉此三條規定並分別加以詮釋如下：

壹、銀行對房屋建築得辦理中、長期放款　本法第三十八條規定，銀行對購買或建造住宅或企業用建築，得辦理中、長期放款，其最長期限不得超過三十年。但對於無自用住宅者購買自用住宅之放款，不在此限。

詮釋：購買或建造房屋向銀行融資，在期限方面並無限制，但實際上幾乎全部屬於中、長期性質；本條規定明文加以認許。本法（第五條）規定，銀行授信超過七年者爲長期信用，但並無上限之規定；本條規定購屋貸款最長期限不得超過三十年，可以推定長期信用之上限爲三十年。但對於無自用住宅者購買自用之住宅放款，不受三十年之限制。

貳、銀行對購置耐久消費品得辦理中期放款　本法第三十九條規定，銀行對個人購置耐久消費品得辦理中期放款；或對買受人所簽發經承銷商背書之本票，辦理貼現。

詮釋：目前我國個人購買耐久消費品（如汽車、冰箱、冷氣機及電視機等）多向銀行辦理中期借款（超過一年以上而在七年以下）；其透過買受人本票之貼現者，一般稱之爲客票融資。本條規定係對銀行此類放款方式之明文認許。一般而言，此類放款不能用長期信用予以融通，否則使用者不予汰舊換新，將對此類產業發生不利影響；在實際上此類耐久消費品有效使用期限亦屬有限，如給予七年以上之融資，銀行可能蒙受損失。

叁、適用中、長期分期償還方式及其限制　本法第四十條規定：前二條放款，均得適用中、長期分期償還放款方式；必要時中央銀行得就其付現條件及信用期限予以規定並管理之。

詮釋：本法前兩條規定房屋貸款及耐久消費品貸款在期限方面得適用中、長期放款方式；本條進一步規定此類貸款得適應中、長期分期償還放款方式。這種分期還本付息方式與傳統式還本付息方式不同，非但對借款人及銀行雙方均屬有利，並對房屋及耐久消費品之銷售也都有積極協助的作用。至於中央銀行在必要時（例如發生強大通貨膨脹壓力之時）對此類放款之付現條件（如頭款之多寡及每期付款之高低）與信用期限（如二年、三年及五年等）加以規定和管理，則係擇類信用管理（selective credit control）之運用，爲實現金融政策目標的工具之一。惟耐久消費品貸款之期限的縮短與頭期付款額的提高，屬於影響多數人利益之消費者信用管理，實施時常會引起製造廠商及消費者之強烈反對，各國在和平時期很少付諸實施。

第十七目　銀行利率之標準與揭示

銀行利率之標準與揭示 七十八年修正之現行銀行法，其第四十一條規定：銀行利率應以年率爲準，並於營業場所揭示。

六十四年公布之本法，除規定其計算標準外，並規範銀行存款利率與放款利率之決定與變動之方式；七十八年本法修正，爲進一步推動利率自由化，乃刪除有關限制利率變動範圍之規定，並增列公開揭示之規定。茲分別詮釋如下：

詮釋（一）：過去我國銀行業對於存放款利率之計算，其標準並不一致；中央銀行爲改善金融秩序，於五十九年十二月規定一律以年率爲標準（月率爲年率十二分之一，日率爲年率三六○分之一），因而與國際慣例相符。六十四年銀行法將之規定於第四十一條之中，使其具有法律之效力。至於銀行利率在營業場所公開揭示，亦爲我國銀行業行之多年的習慣，正式列爲法律條文，旨在增加及方便社會大眾之瞭解而已。

詮釋（二）：六十四年銀行法第四十一條原規定「銀行利率應以年率爲準。各種存款之最高利率，由中央銀行定之。各種放款利率，由銀行公會議訂其幅度，報請中央銀行核定施行」。換言之，各銀行利率水準之決定，其權力操之於中央銀行，而其變動幅度均受制於央行所定之上限及下限。輿論界認爲此種官方管制之利率，不能反映資金情況之變化，影響市場經濟之自由運作。中央銀行爲順應利率自由化之世界潮流，近年開始放寬對存放款利率之管制（如規定貨幣市場利率不受央行所定最高存款利率之限制，擴大放款利率上下限之距離及建立放款基本利率等），而展開利率自由化之努力。

詮釋（三）：如前所述，七十八年修正銀行法業已刪除管制銀行利率之規定（取消決定存款最高利率及核定放款利率上下限之幅度），今後我國銀行業之利率，將完全由各銀行根據市場金融情況自行決定，可謂已經達到高度自由化之境界。在修正銀行法生效之七十八年七月中

旬,中央銀行已將此種新情況正式通知各銀行。過去中央銀行經常利用直接決定或間接核定存放款利率之方式,來達到調整利率水準之目的;現在中央銀行已經喪失此項武器。換言之,今後其利率政策之運用,祇有採取變更其本身重貼現率之一途;而後一途徑對金融情況之影響,是比較間接而其效果亦難與直接管制銀行存放款利率相提並論。不過,中央銀行法本身含有與六十四年銀行法管制銀行利率之相同規定(參看中央銀行法第二十二條),故在特殊金融情況下,中央銀行仍有採取管制銀行利率措施之法律基礎。但是中央銀行一定不會輕易運用這項已被銀行法廢棄的剩餘武器。

第十八目　銀行存款準備率之構造及其運用

所謂銀行存款準備金,係指銀行按其每日存款餘額,依中央銀行所核定之比率,存於中央銀行之存款及本行庫存之現金(見本法第十七條)。此項準備金提存數量之多寡與增減,決定於準備率之構造。關於後者,本法第四十二條有如左之規定:

銀行各種存款準備金比率,由中央銀行在左列範圍內定之:

一、支票存款:百分之十五至四十。

二、活期存款:百分之十至三十五。

三、儲蓄存款:百分之五至二十。

四、定期存款:百分之七至二十五。

前項存款準備金,應按銀行每日存款餘額調整;其調整及查核辦法,由中央銀行定之。

中央銀行為調節信用,於必要時對自一定期日起之支票存款及活期

存款增加額， 得另定額外準備金比率， 不受第一項所列最高比率之限
制。

詮釋（一）： 提存準備金之目的： 銀行提存存款準備金之原始目
的，在於應付顧客提取現金之需要，藉以維持其流動能力、健全其業務
基礎而保護存款人之利益。但是多年以來，現代國家根據準備金變動對
於信用張弛具有重大影響（所謂乘數作用）的理論，而以提高或降低準
備率來作爲擴充或收縮銀行信用的工具。就今日言，以準備率升降來進
行信用管理之目的重要性，大體上已超過以準備金應付提取存款需求之
重要性。

詮釋（二）： 各種存款準備率之不同水準：我國存款準備制度係以
本法之規定爲基礎，而形成所謂法定存款準備制度。就準備率之結構觀
察，卽知各類存款適用不同之比率，基本上決定於各類存款提取頻率之
不同；例如支票存款提取頻率最高，適用最高之準備率；儲蓄存款非到
期不能提取，故其準備率最低。

詮釋（三）：彈性準備率之運用：我國採取彈性準備制（與固定準備
制不同），各種存款之準備率均訂有上限及下限，並授權中央銀行在最高
與最低比率之範圍內，根據當時金融情況或政策需要，作成彈性的決定
或機動的調整。此項彈性準備率之運用，乃是信用管理非常有效的工具。

詮釋（四）： 採用額外準備辦法： 卽在遭遇強大通貨膨脹壓力之
時，授權中央銀行對於新增之活期性存款另定額外準備金比率，其水準
不受一般最高準備比率（例如支票存款之最高比率爲四〇％），而可提
得極高（在理論上可提至一〇〇％）； 結果使我國應付高度通貨膨脹壓
力之潛力大爲增強。在實際上自六十四年七月新存款準備率實施以來，
各類存款之實際準備率與法定最高準備率均有相當距離；而額外準備比
率自然更未有實施的機會，一直處於備而不用的狀態。

第十九目　流動比率之最低標準

本法第四十三條規定：爲促使銀行對其資產保持適當之流動性，中央銀行經洽商中央主管機關後，得隨時就銀行流動資產與各項負債之比率，規定其最低標準。未達最低標準者，中央主管機關應通知限期調整之（本法第一百二十九條規定，違反中央主管機關依第四十三條之規定所爲之通知未於限期內調整者，處新臺幣十五萬元以上二百八十萬元以下罰鍰）。

詮釋（一）：規定流動比率之目的：銀行資產之流動能力，關係存款人之利益及金融之安定，故各國金融管理當局多有「流動資產比率」之規定。本法各章中，雖對放款及股票投資訂有若干比率之規定，但項目有限不足以因應全盤之需要，爲此增列本條，以便必要時得採行適切之通盤性措施。

詮釋（二）：比率之計算：流動資產包括變現能力甚高之資產（超額準備、銀行互拆借差、國庫券、可轉讓定期存單、銀行承兌滙票、金融機構保證之商業本票、公債、公司債、金融債券及經中央銀行核准之其他證券），主要負債暫定爲存款總餘額（指應提法定準備金各項存款之總餘額）；二者之比率即所謂流動比率（liquidity ratio）。此類比率較高之銀行，表示其具有較高之流動能力。

詮釋（三）：中央銀行最初規定流動比率之最低標準爲五％，六十七年以後一直維持七％的水準。

第二十目 銀行自有資本與風險性資產之比率

本法第四十四條規定:

爲健全銀行財務基礎, 非經中央主管機關之核准, 銀行自有資本與風險性資產之比率, 不得低於百分之八。凡實際比率低於規定標準之銀行, 中央主管機關得限制其分配盈餘; 其辦法由中央主管機關定之。

前項所稱自有資本與風險性資產, 其範圍及計算方法, 由中央主管機關定之。(罰則: 本法第一百二十九條規定, 違反中央主管機關依第四十四條規定所爲之限制者, 處新臺幣十五萬元以上一百八十萬元以下罰鍰)。

詮釋(一): 本條所訂銀行自有資本與風險性資產之比率, 有其國際上的淵源。國際清算銀行 (Bank for International Settlement) 爲充實銀行資本、健全國際銀行財務結構與穩定國際金融起見, 於1988年7月發布上述比率之計算標準, 並要求從事國際業務之銀行在1992年以前達到所設定之百分之八比率的標準。

銀行自有資本與風險性資產比率爲健全銀行財務結構之最低標準, 一般稱之爲銀行〔資本適足性〕。實施此項最低比率, 有助於提高銀行自有資本而健全其財務基礎。對於銀行經營可以發生下述正面影響: (1)較高的自有資本比率, 增加銀行承擔風險之能力, 有助於銀行之健全經營; (2)過去一般商業銀行偏重資產之成長, 今後則將更加注意獲利能力之提高與資產品質之改善; (3)此項比率在國際間普遍推行後, 足以消弭不公平競爭, 強化國際金融體系之健全與安定。

詮釋(二): 本法第四十四條原訂有銀行主要負債與淨值之最高標

準，其目的亦在健全銀行財務基礎。近年爲推行金融國際化及配合國際清算銀行之規定，乃在七十八年之修正銀行法中，改採自有資本與風險性資產比率之規定。現行法本條所定此項最低比率爲百分之八（與國際清算銀行所訂標準相同），並規定中央主管機關對於低於標準之銀行，得限制其分配盈餘。爲配合實際需要，財政部復於八十一年四月公布〔銀行自有資本與風險性資產之範圍、計算方法及未達標準之限制盈餘分配辦法〕。數年來國內銀行紛紛努力充實自有資本並加強風險資產管理，藉以改善財務結構及作爲發展國際金融業務及在國外設立分行之基礎。

第二十一目　有關檢查銀行業務之規定

關於銀行業務之檢查，本法第四十五條規定：中央主管機關得隨時派員，或委託適當機構，或令地方主管機關派員，檢查銀行或其他關係人之業務、財務及其他有關事項，或令銀行或其他關係人於限期內據實提出財務報告、財產目錄或其他有關資產及報告。

中央主管機關於必要時，得指定專門職業及技術人員，就前項應行檢查事項、報表及資料予以查核，並向中央主管機關據實提出報告，其費用由銀行負擔。（罰則：依本法第一百三十一條規定，違反第四十五條規定不申報營業報告書表者，處新臺幣三萬元以上六十萬元以下罰鍰）

詮釋（一）：銀行檢查爲中央主管機關等監管金融機構主要工具之一，具有健全銀行經營、防止弊端及減少疏失，與取信社會大眾等多種功能。六十四年銀行法於第四十五條對銀行檢查早有規定，並於八十一年修正時予以補充和加強。茲就要點，分述如下：(1)檢查機關：除主管

機關（包括中央及地方主管機關）得隨時派員檢查外，並可委託適當機關（包括中央銀行、中央存款保險公司及臺灣省合作金庫等）辦理。(2)受檢單位：原規定僅有銀行爲受檢單位，八十一年增列其他關係人爲受檢單位，以期更能保護存款人之權益。(3)檢查及報告項目：檢查機關負責檢查銀行或其他關係人之業務、財務及其他有關事項；主管機關並可令銀行或其他關係人於限期內據實提報財務報告、財產目錄或其他有關資料及報告。

　　詮釋（二）：專業及技術人員之後續查核：鑑於金融業務及財務之日趨複雜，八十一年銀行法增列利用會計師及律師等專門職業及技術人員之專門知識的條款，以應加強金融監督的需要。中央主管機關必要時得指定專門職業及技術人員，就檢查機關之檢查事項及受檢單位之報表資料等進行後續之查核。並基於受益者付費之原則，規定其費用由銀行負擔。

第二十二目　有關銀行存款保險組織之規定

　　關於銀行存款保險之組織：**本法第四十六條規定，爲保障存款人之利益，得由政府或銀行設立存款保險之組織。**

　　詮釋（一）：一九三三年美國發生金融危機，一度導致全國銀行之暫停營業；一九三四年乃有聯邦存款保險公司 (Federal Deposit Insurance Corporation)之創設；對於銀行存戶之資金安全提供適當之保障，頗有助於社會大眾對銀行信心之恢復。由於效果甚爲良好，很多國家（如加拿大及日本）加以仿效而成立存款保險制度。

　　詮釋（二）：六十四年銀行法修正後，我國時有籌組存款保險公司

之議；惜因主要銀行多屬公營，以致因循未果。近年因部分金融機構時有問題發生，促成我國「存款保險條例」於七十四年一月九日之公布施行；其後復因信用合作社及信託投資公司發生危機，使其籌備工作加速進行而於七十四年九月二十七日開業。此一公司資本總額定為新臺幣二十億元，由財政部、中央銀行及要保金融機構共同認股。其主要業務在於承做以各類存款（支票存款、活期存款、定期存款及儲蓄存款）及信託資金為標的之保險。該公司採取限額保險制度，每一存款人之最高保額，業由主管機關及中央銀行核定為新臺幣七十萬元，保險費率為萬分之五。此外該公司將檢查要保機構之業務及帳目，輔導要保機構的業務經營，對停業之要保機構辦理清理或清算。其主要目的在保障存款人之利益，並透過預警制度，防止金融弊端發生，以維護正常金融秩序。七十八年銀行法修正後，民營銀行將有大量增加，存款保險公司之業務勢將大為拓展。

第二十三目　有關銀行同業借貸組織之規定

關於銀行同業間借貸組織，**本法第四十七條規定：銀行為相互調劑準備，並提高貨幣信用之效能，得訂定章程，成立同業間之借貸組織。**

詮釋（一）：各銀行為調整其變動不居之準備情況，彼此間經常發生短期性的同業借貸（inter bank loan）；由擁有超額準備之銀行，貸與準備不足之銀行。我國稱此種金融交易為「同業拆款」（其以一日為期者稱為「日拆」）；相當於美國之聯邦資金（Federal fund）之交易。

詮釋（二）：我國銀行間之有拆款交易，由來已久。但因缺乏中間聯繫機構，多由借貸雙方自覓交易對象，個別商洽條件，非但交易不

便，同時利率及金額亦無從察知。六十九年初中央銀行爲促進銀行同業間借貸組織之建立，決定由銀行公會籌組同業拆款中心。該中心於同年四月一日正式成立，其目的在於便利銀行業「同業相互調節準備」及「撥補票據交換差額」。該中心對於銀行同業拆款作業實施合理之改進，將過去自覓對象之交易，改爲透過中心之中介；對於拆款利率之決定，拆款之期限與額度亦有合理之安排。大體而言，由於拆款中心之成立，我國銀行業同業間之借貸活動已經走向市場化與制度化。

第二十四目　有關許可及管理貨幣市場與信用卡業務之規定

本法第四十七條之一規定：**經營貨幣市場業務或信用卡業務之機構，應經中央主管機關之許可；其管理辦法，由中央主管機關洽商中央銀行定之。**

詮釋：伴隨經濟快速成長，我國新型金融業務（如貨幣市場業務及信用卡業務）不斷衍生，承辦單位（如票券金融公司等）亦隨之設立和成長。爲使金融主管機關管理有據，八十一年修正銀行法因而增訂本條，規定有關金融機構辦理此項新型業務應經中央主管機關許可，並授權中央主管機關（須洽商中央銀行）訂定管理辦法。

第二十五目　有關保障銀行客戶權益及秘密之規定

本法第四十八條規定：**銀行非依法院之裁判或其他法律之規定，不得接受第三人有關給付存款或滙款、扣留擔保物或保管品或其他類似之**

請求。

銀行對於顧客之存款、放款或滙款等有關資料，除其他法律或中央主管機關另有規定者外，應保守秘密。

詮釋（一）：銀行與客戶間的業務關係，均屬雙方同意的契約行為，銀行對於客戶權益應依契約規定予以保障。如未經合法程序而接受第三人之請求，對之給付客戶之存款或滙款，扣留客戶之擔保物或保管品等，均係違反契約之行為而有損客戶之權益。本法規定銀行非依法院之裁判或其他法律之規定，不得採取上述之行為，其目的係在保障客戶權益及維持社會經濟秩序。

詮釋（二）：本條第二項（有關對顧客之存款、放款或滙款等資料應保守秘密之規定）係七十八年修正銀行法時所新增。銀行人員對顧客資料負有保密義務，各國立法多有先例。我國財政部曾於七十一年七月二日規定，金融機構對司法、軍法、稅務、監察、審計及法務部調查局等機關，因辦案需要正式備文查詢客戶存放款資料，應予照辦；其他機關若有查詢時，應洽經該部核轉後辦理。為加強銀行對顧客之保密義務，乃於七十八年修正銀行法時將此項行政命令納入於本法之中。

第二十六目　有關銀行營業書表之報告及公告之規定

本法第四十九條規定：銀行每屆營業年度終了，應將營業報告書、資產負債表、財產目錄、損益表、盈餘分配之決議，於股東會承認後十五日內，分別報請中央主管機關及中央銀行備查，並將資產負債表於其所在地之日報公告之（本法第一百三十一條規定，違反規定，不申報

營業書表或不爲公告或報告者， 處新臺幣三萬元以上六十萬元以下 罰
鍰）。

　　詮釋：銀行爲具有公益性之機構，其經營之成敗，對社會經濟影響
至大。本法強制規定，各銀行應於年度結束後，將股東會承認之營業報
告及財務書表分別報請財政部及中央銀行核備，作爲該機構等瞭解銀行
情況之資料，並爲監督及管理銀行決策之依據。本法同時並規定銀行應
將其資產負債表在所在地之報紙中公告，以增進社會大眾對銀行經營情
形之瞭解以及選擇往來銀行之參考。

第二十七目　有關銀行盈餘分配及提列公積之規定

　　本法第五十條規定：銀行於完納一切稅捐後分派盈餘時，應先提百
分之三十爲法定盈餘公積；法定盈餘公積未達資本總額前，其最高現金
盈餘分配，不得超過資本總額之百分之十五。

　　法定盈餘公積已達其資本總額時，得不受前項規定之限制。

　　除法定盈餘公積外，銀行得於章程規定或經股東會決議，另提特別
盈餘公積。

　　詮釋（一）：公司法（第二百三十七條）規定，公司於完納一切稅
捐後分配盈餘時，應先提出百分之十爲法定盈餘公積；銀行業從事金融
交易，吸收社會資金；爲取得大眾信心，故應多提盈餘公積，藉以累積
資本而改善其財務結構。

　　詮釋（二）：我國銀行之淨值普遍偏低而負債比率偏高，爲改善此
種情況，本法原已規定銀行分配年度盈餘時，應先提百分之二十（超過
一般公司一倍）爲盈餘公積。七十八年修正銀行法爲求更進一步之改

善，爰將應提比率提高爲百分之三十（超過一般公司兩倍）；並規定法定盈餘公積未達資本總額前，其最高現金盈餘分配，不得超過資本總額百分之十五。可見本法對於增提盈餘公積以累積銀行資本一事，其態度至爲積極。

第二十八目　有關銀行營業時間之規定

　　本法第五十一條規定：銀行之營業時間及休假日，得由中央主管機關規定，並公告之。

　　詮釋：銀行之營業時間必須配合工商業者及社會大眾之需要，藉以便利各界款項之收付及債權債務之清結。本法規定銀行之營業時間及休假日，由財政部決定及公告之。在實際上，係由銀行公會議訂後，報請財政部核備，並於年度開始前公告之。目前銀行休假日，除星期日外，僅以國定假日、結算日及決算日爲限；每日營業時間，星期一至星期五爲上午九時至下午三時半，星期六則由上午九時至十二時。最近各銀行普遍裝設自動付款機（或自動收付款機），其逾時操作亦需經財政部之核准。

第二章　銀行之設立、變更、停業、解散

　　銀行接受公眾存款並對各界授信，其盛衰對社會影響至鉅。本法爲顧及其涉及公眾利益之特質，故對其設立變更停業與解散之各項規定，均較公司法對一般公司之規定更爲周密與嚴格。爲加強對銀行之管理，現行法並將過去散見原法各章之有關規定加以集中，並參酌需要予以補充和修正，彙合而爲以行政管理爲中心的專章。

　　本章內容包含第五十二條至第六十九條，共計十八條。首先規定銀行之組織型態與其設立標準，其餘則分別規定銀行之設立程序、銀行合併及變更之要點、銀行停業及撤銷許可之條件，最後則規定銀行清算之程序。

第一目　銀行之組織型態與設立標準

　　爲建全銀行之經營，本法首先規定銀行組織基本上採取股份有限公司之方式；七十八年爲適應金融自由化之趨勢，新增銀行設立標準之規定，以強化新設銀行之財務基礎及經營品質。茲爲分述如下：

　　壹、銀行之組織型態　本法第五十二條第一項規定：銀行爲法人，

其組織除法律另有規定或本法修正施行前經專案核准者外，以股份有限公司爲限。

　　詮釋（一）：爲強化銀行體系之陣容，本法對於銀行組織之型態，採取超越一般企業組織之態度。(1)本法規定「銀行爲法人」，賦予銀行以擔當權利義務主體之完整身分，使其經營獲得充分法律支持而毫無瑕疵。(2)本法規定銀行「組織……以股份有限公司爲限」，使其構造維持最嚴密與最健全之型態，頗能符合世界趨勢而與國際水準看齊。(3)對於「法律另有規定或本法修正施行前經專案核准」而不能採取股份有限公司組織形式之少數銀行（均爲與政策有關之公營銀行），本法雖准其「除外」而以其他組織形態存在，但因它們均已具有法人資格，故不礙其合法營運而破壞整個銀行陣容之健全。此類銀行僅有三家，且均爲由政府支持及管理之公營銀行，自不致因非股份有限公司組織而發生負面影響；今後新銀行之設立均將符合此項組織型態之規定，故就整體觀察，我國銀行之組織型態，幾乎已經全面股份有限公司化。

　　詮釋（二）：上引本法第五十二條第一項之條文，係七十四年修正後之條文。此項修正條文之產生，經過十年的爭議和醞釀：(1)關於銀行之組織型態，我國早期銀行法並無具體規定。六十四年銀行法爲健全銀行組織，乃在第五十二條予以如次之規定：「銀行之設立，除法律另有規定或本法修正施行前經專案核准者外，以股份有限公司組織者爲限。」此項條文公布後，因其符合國際趨勢及有助銀行組織之改善，頗得各界人士之讚揚。但因該條文「除外」條款允許過去依據政府專案核准方式創設之銀行，得以原來組織型態繼續營運，卻引發了嚴厲的批評和爭議。很多人士（包括各級民意代表）認爲：此類銀行乃依據行政命令而創設，未經立法程序，其合法性頗有瑕疵（有人甚至譏之爲地下錢莊）。其次，此類銀行並非股份有限公司，其組織不夠完善，有礙銀行

之健全經營。第三,此類銀行不具備法人資格,以之作爲權利義務之主體極易引起法律糾紛而可能損害銀行本身及其存款人的利益。爲平息輿論及民意機構之爭議,財政部曾督飭此類銀行（臺灣銀行、土地銀行、臺灣省合作金庫及臺北市銀行）依照本法第一百三十七條補行辦理設立程序,藉以改組爲股份有限公司組織並取得法人資格。惜因有關銀行有其實際困難,經過多次協調,僅臺北市銀行一家於七十三年完成改組爲股份有限公司之工作；其他三家銀行之問題仍待解決。(2)爲確立銀行之法人地位及解決部分銀行無法補辦設立程序而改組爲股份有限公司之困難起見,七十四年五月乃將六十四年銀行法之第五十二條加以修正：將原法起首「銀行之設立」五字改爲「銀行爲法人」,因而賦予銀行以法人地位。經過此次修正（見上引本法第五十二條第一項之規定）,以後所有銀行（包括過去經專案核准設立之銀行）均具有法人資格,並可以股份有限公司以外之組織形式繼續合法營運。於是擾攘十年之爭議,至此告一段落。

　　貳、銀行之設立標準　本法第五十二條之一規定：依本法或其他法律設立之銀行或金融機構,其設立標準由中央主管機關定之。

　　詮釋（一）：關於銀行之設立標準,本法原無規定；七十八年修正銀行法,爲配合開放民營銀行及金融機構之新設,而於本法第五十二條增列本項。依照本項規定,設立標準不但適用於新設立之銀行,同時亦適用於新設立之其他金融機構。至於所謂設立標準包括那些項目,以及各種標準之內容如何,則授權由財政部決定之。

　　詮釋（二）：七十八年銀行法修正案通過後,各界均期待銀行設立標準之公布。財政部於七十八年七月十四日公布「商業銀行設立標準草案」,而未提及他類銀行及其他金融機構之設立標準。就大勢而言,短期內新設者當以商業銀行爲主；至於他類標準何時公布則尚待觀察。

上述「草案」經送行政院核定後，業由財政部於七十九年四月十日發布施行。該部隨即開始接受新設商業銀行之申請：第一批正式申請設立者計有一十九家，其中十五家已經許可設立，並於八十年末前後開始營業；第二批只有一家申請設立，業經頒發許可，將於八十二年初開始營業。

詮釋(三)：「商業銀行設立標準」之主要內容：七十九年四月財政部發布之「商業銀行設立標準」，全文共計二十三條。茲扼要分述其主要內容如下：

甲、關於銀行資本方面　本標準規定：(1)申請設立商業銀行，其最低實收資本額為新台幣一百億元，發起人及股東之出資以現金為限。(2)發起人應於發起時按銀行實收資本額認足發行股份總額百分之八十（申請設立許可時應即將二十億元以上股款存入指定銀行），其餘股份應公開招募；公開招募之股份，每一申購人之申購數量不得超過一萬股。(3)發起人所認股份與公開招募之股份，其發行條件應相同，價格應歸一律。

乙、關於銀行發起人、董事、監察人及經理人之消極資格方面　本標準規定，有下列情事之一者，不得充任銀行之發起人、董事監察人及經理人：(1)限制行為能力者。(2)曾犯內亂、外患罪，受刑之宣告確定或現在通緝中。(3)曾犯偽造貨幣、偽造有價證券、侵占、詐欺、背信罪，經宣告有期徒刑以上之刑確定，執行完畢、緩刑期滿或赦免後尚未逾十年者。(4)曾犯偽造文書、妨害秘密、重利、損害債權或違反商標法、專利法或其他工商管理法規，經宣告有期徒刑確定，執行完畢、緩刑期滿或赦免後尚未逾五年者。(5)曾犯貪污罪，受刑之宣告確定，執行完畢，緩刑期滿或赦免後尚未逾五年者。(6)違反銀行法、保險法、證券交易法或管理外匯條例，受刑之宣告確定，執行完畢、緩刑期滿或赦免後尚未逾五年者。(7)受破產之宣告，尚未復權者。(8)曾任法人宣告破產時之負責

人，破產終結尚未逾五年，或協調未履行者。(9)使用票據經拒絕往來尚未滿期者，或期滿五年內仍有存款不足退票記錄者。(10)有重大喪失債信情事尚未了結，或了結後尚未逾五年者。(11)因違反銀行法或保險法被撤換，或因重大違失受罰鍰處分或致銀行或保險業受罰鍰處分，尚未逾五年者。(12)違反銀行法第二十九條第一項之違定，經營收受存款、受託經理信託資金、公衆財產或辦理國內外滙兌業務者，受刑之宣告確定，執行完畢、緩刑期滿或赦免後尚未逾五年者。(13)擔任其他金融機構或證券商之負責人者。(14)有事實證明從事或涉及其他不誠信或不正當之活動，顯示其不適合擔任銀行負責人者。

　　丙、關於銀行經理人之積極資格方面　銀行經理人除應具備上述消極資格外，同時亦應具備學歷、銀行工作經驗、擔任銀行職務或其他經歷等積極方面之資格。本標第五條規定銀行總經理應具備下列資格之一：(1)國內外專科以上學校畢業或具有同等學歷，銀行工作經驗九年以上，並曾擔任公營銀行總行經理以上或同等職務三年以上，成績優良者。(2)國內外專科以上學校畢業或具有同等學力，擔任金融行政或管理工作經驗九年以上，並曾任薦任九職等以上或相當職務三年以上，成績優良者。(3)銀行工作經驗五年以上，並曾擔任公營銀行副總經理以上職務或相當規模民營銀行相當職務三年以上，成績優良者。(4)有其他經歷足資證明其具備主管領導能力、銀行專業知識或銀行經營經驗，可健全有效經營銀行業務者。（關於副總經理、協理、經理及副經理之積極資格，本標準亦分別有所規定，大體依照權責降低標準層次，茲不詳述）。

　　丁、其他有關事項　關於銀行設立之申請許可、公開招募及核發營業執照等項之流程，本標準均有具體規定。此外並規定新銀行得申請設立五家分行；同時附設儲蓄部，但三年內不得投資公司股票。

第二目　銀行之設立

　　銀行之設立（尤其是公司組織之銀行的設立），依法應完成下述四個過程：第一，須獲得財政部之許可；第二，須辦妥公司之登記；第三，須取得營業執照；第四，正式開始營業。茲爲分述及詮釋如次：

　　壹、向財政部申請設立許可　本法第五十三條規定：設立銀行者，應載明下列各款，報請中央主管機關許可：

　　（一）銀行之種類、名稱及其公司組織之種類。

　　（二）資本總額。

　　（三）營業計劃。

　　（四）本行及分支機構所在地。

　　（五）發起人姓名、籍貫、住居所、履歷及認股金額。

　　本法第五十七條規定：銀行增設分支機構時，應開具分支機構營業計劃及所在地，申請中央主管機關許可，並核發營業執照。

　　詮釋（一）：銀行決定設立後，應備齊法定各項資料，由發起人向財政部申請設立之許可。財政部應就所提資料逐項加以審核，諸如銀行之種類及其所擬計畫是否合乎本法之規定，所擬本行及分支機構所在地是否合乎區域上之需要，資本總額是否超過最低額之規定，組織型態是否合乎本法之規定，以及發起人之履歷及資信是否優良……如果認爲各種條件均屬合格，財政部卽發給設立之許可。

　　詮釋（二）：現有銀行增設分支機構時，亦應提出營業計畫及所在地，由財政部依照有關規定加以審核，認爲合格後，發給設立許可。如銀行係申請在國外設立分支機構，則財政部須在洽商中央銀行後，始得

予以核准及發給設立許可。

貳、向經濟部辦妥公司登記　獲得財政部設立許可後，應依公司法（第五章第一節）規定設立公司。即由籌設銀行之發起人召開發起會議，訂立銀行章程；於認定應發行股份之同時，應即按股繳足股款，並選任董事及監察人。股份有限公司採用發起設立者，其董事、監察人於就任十五日內應將法定事項（見公司法第四百十九條）向經濟部為設立之登記。經過經濟部准予登記並發給執照，公司即告成立。至於依其他法律設立而非公司組織之銀行，則無需向經濟部辦理公司登記。

叁、向財政部申請營業執照　本法第五十四條規定：銀行經許可設立者，應依公司法規定設立公司；於收足資本全額並辦妥公司登記後，再檢同下列各件，申請中央主管機關核發營業執照：

（一）公司登記證件。

（二）中央銀行驗資證明書。

（三）銀行章程。

（四）股東名冊及股東會議紀錄。

（五）董事名冊及董事會議紀錄。

（六）常務董事名冊及常務董事會議紀錄。

（七）監察人名冊及監察人會議紀錄。

銀行非公司組織者，得於許可設立後，準用前項規定，逕行申請核發營業執照（本法第六十條規定：申請銀行營業執照時，應繳納執照費；其金額由中央主管機關定之）。

詮釋（一）：銀行獲得設立許可並辦妥公司登記後，即告正式成立；本法第五十四條所定者為申請核發營業執照之程序，以便銀行獲得營業執照後得以開業營運。

詮釋（二）：依照公司法第一五六條第二項規定，股份有限公司資

本收足四分之一卽可營業；本法認爲銀行與一般公司不同，特別規定「收足資本全額」始得開始申請營業執照。(3)本法第五十四條第二款所稱「銀行非公司組織者」係指依其他法律設立之銀行或本法修正施行前經專案設立之銀行，此類銀行均不必依公司法辦理設立而逕向財政部申請核發營業執照。

肆、正式開始營業 本法第五十五條規定: 銀行開始營業時, 應將中央主管機關所發營業執照記載之事項, 於本行及分支機構所在地公告之。

詮釋（一）：銀行之設立，在獲得財政部許可，及依法辦完設立登記手續後，卽可向財政部申請核發營業執照。在領得營業執照之後，一切手續均已完備，因而可以擇期正式開始對外營業。

詮釋（二）：本法第五十五條規定，銀行開始營業之時應將營業執照所載事項，於營業所在地公告之；其目的在便於社會各界瞭解其業務內容，而開始與其發生業務往來。公告方法除刊登所在地主要報紙之外，並可將營業執照展示於各營業場所。

伍、與銀行設立相關之規定 上述銀行設立須向中央主管機關許可之程序，係指銀行設立總行而言。其實銀行分支機構之設置、遷移或裁撤等項，亦須經過同樣核准之程序；銀行非營業用辦公場所或營業場所外自動化服務設備及電腦中心等，其設置、遷移或裁撤同樣適用申請及核准之過程。八十一年修正銀行法第五十七條之如下內容，卽爲與銀行設立有關之規定:

銀行增設分支機構時，應開具分支機構營業計劃及所在地，申請中央主管機關許可，並核發營業執照。遷移或裁撤時，亦應申請中央主管機關核准。

銀行設置、遷移或裁撤非營業用辦公場所或營業場所外自動化服務設備，應事先申請，於申請後，且未經中央主管機關表示禁止者，卽可

逕行設置、遷移或裁撤。但不得於申請後之等候時間內，進行其所申請之事項。

前二項之管理辦法，由中央主管機關定之。

第三目　銀行之變更

在銀行營運之過程中，為適應實際需要，有時會與其他銀行合併而繼續經營；有時為配合業務消長而變更其種類、名稱、組織型態、資本總額及營業所在地。對於此類關係重大事項之變更，均須依照本法及公司法之規定程序處理。

本法第五十八條規定：銀行之合併或對於依第五十三條第一款、第二款或第四款所申報之事項擬予變更者，應經中央主管機關之許可，並辦理公司變更登記及申請換發營業執照。前項合併或變更，應於換發營業執照後，在本行及分支機構所在地公告之。

本法第五十九條規定：違反前條第一項規定者，中央主管機關應勒令停業，限期補正。

詮釋（一）：關於銀行之合併方面：(1)須經股東會之決議：銀行之合併為銀行組織之重大變動，依公司法規定須經股東會為合併之決議（應有代表股份總數四分之三以上股東之出席，以股東表決權過半數之同意行之）。(2)應經中央主管官署之許可：由銀行敘明理由報請財政部給予許可。(3)辦理公司變更登記：根據財政部許可實行合併後，應於十五日內依照公司法第三百九十八條向經濟部辦理公司登記，因合併而存續之銀行為變更之登記，因合併而消滅之銀行為解散之登記，因合併而另立之銀行為設立之登記。(4)換發營業執照：辦妥變更登記後，檢同本法五十四條所定有關文件，向財政部申請營業執照。(5)合併之公告：應

於換發營業執照後十五日內在本行及分支機構所在地公告之。

詮釋（二）： 關於銀行重要事項之變更方面： (1)重要事項之內容：包括銀行之種類、名稱及其公司組織之種類、資本總額，與本行及分支機構之所在地。(2)須經財政部之許可： 銀行如欲對上述已登記重要事項加以變動，須由銀行（其中涉及章程之變更者須提經股東會決議）申請財政部許可。(3)須經經濟部變更登記： 在獲得許可及實行變更後之十五日內，須向經濟部辦理變更登記。(4)須經財政部換發營業執照： 在辦妥變更登記後，應檢同有關文件向財政部申請換發營業執照。(5)變更登記之公告： 應於換發執照之十五日內在本行及分支機構所在地公告之。

詮釋（三）： 關於違法之處罰； 銀行之合併及重要事項之變更，均係有關銀行組織及營運之重要變動，如果未經財政部之許可，未向經濟部辦理變更登記或未向財政部申請換發營業執照者均屬違法行為，財政部應勒令停業，限期補正。至於未能於合併或變更登記後在營業所在地公告者，其處罰應依本法第一百三十二條辦理（處新臺幣三萬元以上六十萬元以下罰鍰）。

第四目　銀行之停業

在銀行營運之過程中，或①因對於重要變更未能報經許可並辦妥登記，②或因發生經營危機，③或因逾期未能補足資本，④或因逾期不能繳納應繳納之罰鍰，以致受到財政部「勒令停業」的處分。所謂勒令停業係指財政部以中央主管官署身分命令有關銀行停止營業之措施。此項措施之目的，在於糾正銀行之違法行為，一方面具有強制性質，有關銀行必須遵照辦理；另一方面具有臨時性質，一俟引起停業之原因消滅，

銀行卽可恢復營業。就效果言，此類措施乃係貫徹銀行行政管理之有效工具。茲就本法有關各條所定，分別加以詮釋如次：

壹、銀行對於主要變更未能報經許可並辦妥變更登記所導致之勒令停業　本法第五十九條規定，銀行對於其合併或對其種類、名稱、公司組織之種類、資本總額、本行及分支機構所在地之變更，未經報奉中央主管機關之許可，並辦妥公司變更登記及申請換發營業執照者，中央主管機關「應勒令停業，限期補正」。

詮釋（一）：銀行未經財政部之許可，亦未辦妥變更公司登記及取得新營業執照而於與其他銀行合併或變更重要事項後繼續營業，其活動逾越政府許可及登記之範圍，顯然係屬違法之行爲。其事一方面足以破壞政府對銀行之行政管理，另一方面亦可能損害整個社會之利益。爲防止此項弊端繼續存在，財政部自「應」採取勒令停業之措施。

詮釋（二）：勒令停業之目的，在於迫使違法銀行改正其行爲，故在宣布勒令停業之同時，規定銀行補正之期限。如銀行能在限期內，獲得財政部准予合併及變更重要事項之許可，並辦妥公司變更登記及領得換發之營業執照，則勒令停業之原因卽告消失而可以恢復營業。

詮釋（三）：如違法銀行對於有關事項，逾期不爲補正，依本法第六十五條規定，應由財政部撤消其許可。

貳、銀行因發生經營危機所導致之勒令停業　本法第六十二條規定:

銀行因業務或財務狀況顯著惡化，不能支付其債務或有損及存款人利益之虞時，中央主管機關得勒令停業並限期清理、停止其一部業務、派員監管或接管、或爲其他必要之處置，並得洽請有關機關限制其負責人出境。

中央主管機關於派員監管或接管時，得停止其股東會、董事或監察人全部或部分職權。

前二項監管或接管辦法，由中央主管機關定之。

第一項勒令停業之銀行，如於清理期限內，已回復支付能力者，得申請中央主管機關核准復業。逾期未經核准復業者，應撤銷其許可，並自停業時起視為解散，原有清理程序視為清算。

前四項規定，對於依其他法律設立之銀行或金融機構適用之。

詮釋（一）：上引條文係七十八年修正後之條文。依照六十四年本法本條之規定，主管機關僅能於銀行發生特定情事（如銀行經中央銀行停止其票據交換者或不能支付其即期債務者）時，始可行使處分權；且其處分方式僅以一種（如勒令停業）為限。此項缺乏彈性之規定，往往貽誤時機，足以擴大危機之影響。七十四年政府處理第十信用合作社所發生之現象，可為殷鑑。

詮釋（二）：為使中央主管機關行政處分權能夠發揮迅赴事機的效用，同時並可斟酌不同情況而採取程度有異之措施，七十八年本法乃規定下述各點：(1)以經營危機為採取措施之依據：本條規定銀行因「業務或財務情況顯著惡化」、「不能支付其債務」或「有損及存款人利益之虞」時，即可採取因應措施。此三種情況任何一種發生，實際上都構成銀行之經營危機；在火頭初起時予以撲滅，較之在火勢猛烈後開始灌救，其結果可能完全不同。例如在第十信用合作社發生擠提存款之前，其業務及財務情況已經出現嚴重失常和顯著惡化的情況；但依當時本法本條規定，主管機關卻無採取措施之行政權力。(2)以不同措施因應程度相異之情況：依照本條規定，銀行發生嚴重經營危機者，主管機關可以勒令停業並限期清理；業務嚴重偏失者（如放款太多或太濫），可以停止其一部業務（如停止對某類或某些對象之放款）；情況雖劣但尚可改善者，可以派員監督接管或採取其他必要之措施。換言之，斟酌輕重緩急，予以適當合宜之處置，必可收取釜底抽薪的效果。(3)本條規定之適

用範圍：本條規定以銀行爲主要適用對象，但其他法律設立之銀行或金融機構亦一律適用。

　　叁、銀行未能依限期補足資本而導致之勒令停業　本法第六十四條規定：銀行虧損逾資本三分之一者，其董事或監察人應卽申報中央主管機關。中央主管機關對具有前項情形之銀行，得限期令其補足資本；逾期未經補足資本者，應勒令停業。（本法第一百二十八條規定：銀行董事或監察人……怠於申報……各處新臺幣十五萬元以上一百八十萬元以下罰鍰。）

　　詮釋（一）：銀行虧損逾資本三分之一者，其情況顯然非常嚴重，足以影響其對外形象，損害其財務結構而有礙其健全經營。爲重建此類銀行之經營基礎，財政部得限令其補足資本；如銀行未能於限期內籌足款項而補足應補足資本者，財政部卽應勒令其停業。

　　詮釋（二）：銀行虧損達資本三分之一者，銀行負責人應卽向財政部申報，以便財政部及時下令補足；爲防止負責人怠於申報而致貽誤時機，本法對之處以罰鍰。

　　肆、銀行逾期未能繳納罰鍰而導致之勒令停業　本法第一百三十五條規定：罰鍰經限期繳納而逾期不繳者，自逾期之日起每日加收滯納金百分之一；逾三十日仍不繳納者，移送法院强制執行，並得由中央主管機關勒令該銀行或分行停業。

第五目　銀行之撤銷許可

　　銀行之設立，以取得中央主管機關之「許可」爲基礎。銀行設立及開始營業後，如發生重大違法情事，自動決議解散或停業後未經核准復

業時，中央主管機關亦可撤銷原頒之「許可」而消滅銀行繼續存在之基礎。撤銷許可爲永久性之措施，一經撤銷許可即無恢復許可之可能。被財政部撤銷許可之銀行應卽實行解散而進行清算。**依本法第六十七條規定：銀行經撤銷許可者，應限期繳銷執照；逾期不繳銷者，由中央主管機關公告註銷之。**茲分六種情況，說明撤銷許可如次：

壹、因銀行資本未達財政部所定之最低額，且未能於限期內完成增資而被撤銷其許可　本法第二十三條第二款規定：**銀行資本未達……調整後之最低資本額者，中央主管機關應指定期限、命其辦理增資；逾期未完成增資者，應撤銷其許可。**

詮釋：銀行必須籌足資本最低額始得設立。此項最低額如經財政部核准提高，則現有銀行資本低於最低額者應卽辦理增資；如逾期未能完成增資，卽喪失經營銀行之必備資格或條件，財政部應卽據以撤銷其原頒之設立許可。

貳、因銀行原申請事項有重大虛僞情事而被撤銷許可　本法第五十六條規定：**中央主管機關核發營業執照後，如發現原申請事項有虛僞情事，其情節重大者，應卽撤銷其許可。**

詮釋（一）：銀行以虛僞資料取得營業執照，係屬詐欺性質之非法行爲；財政部事後發現，自應撤銷其非法取得之設立許可。

詮釋（二）：虛僞情事情節是否重大，其間存有相當彈性；財政部應本勿枉勿縱之原則，審愼加以權衡。

叁、因銀行自動解散而被撤銷其許可　本法第六十一條規定：**銀行經股東會決議解散……主管機關依……規定核准解散時，應卽撤銷其許可。**

詮釋：銀行自動解散並經核准者，財政部自應取消其許可。關於此類解散之核准，參看本章第六目。

肆、因銀行不能支付其債務致受停業處分，逾期未經核准復業而被撤銷其許可　參看本法第六十二條之規定（原文已見本章第四目）。

詮釋：銀行因不能支付其卽期債務而被財政部勒令停業，應在清理期間努力恢復支付能力；如逾期未經核准復業，顯示其已無力繼續經營，財政部應卽取消其許可，而任其走向解散與清算之途徑。

伍、因銀行經勒令停業並對有關補正事項逾期不爲補正而被撤銷許可　本法第六十五條規定：銀行經勒令停業，並限期命其就有關事項補正；逾期不爲補正者，應由中央主管機關撤銷其許可。

詮釋：例如銀行實行合併或變更重要事項（參看本章第三目）而未獲得許可或辦理公司變更登記者，財政部在勒令停業之同時，應命令其限期補正；如銀行逾期不爲補正，顯示其故意違法，故應對其撤銷設立之許可。

陸、因銀行屢次違法且情節重大而被撤銷其許可　本法第一百三十六條規定，銀行屢次違反本法第八章所定處罰而情節重大者，中央主管機關得撤銷其許可（參看第八章條文）。

詮釋：本條規定「得……撤銷其許可」，中央主管機關可對實際情形加以權衡而決定是否撤銷其許可。

第六目　銀行之解散

關於銀行之解散，依照本法之規定，計分下述兩種情況：

壹、因撤銷許可而實行之解散　本法第六十六條規定：銀行經中央主管機關撤銷許可者，應卽解散，進行清算（同法第六十七條規定，銀行經核准解散或撤銷許可者，應限期繳銷執照；逾期不撤銷者，由中央

主管機關公告註銷之）。

詮釋（一）：公司法將公司解散分為中央主管機關之「命令解散」與法院之「裁定解散」，均不適用於銀行。本法第六十六條係六十四年銀行法所新增，作為構成銀行解散之主要條件。

詮釋（二）：構成撤銷許可而導致銀行解散之事項包括：上目所述資本未達規定最低額且未於限期內完成增資者，申請設立事項許可有重大虛偽情事者，自動決議解散並經核准者，不能支付債務且逾期未經核准復業者，對依法應補正事項逾期未能補正者，屢次違法且情節重大者。

貳、因自動決議並經核准而實行之解散　本法第六十一條規定：銀行經股東會決議解散者，應申叙理由，附具股東會議紀錄及清償債務計畫，申請主管機關核准後進行清算。主管機關依前項規定核准解散時，應即撤銷其許可。

詮釋：本條係六十四年銀行法所新增，主旨在規定銀行自動解散應申叙理由，經財政部核准後始能解散。蓋因銀行與一般公司組織不同，其存廢涉及社會公共利益，須作多方考慮而不能任其自由解散。

第七目　銀行之清算

公司解散之後，應即進行清算。清算程序大體上就是辦理被解散公司之善後工作的程序。從公司法有關清算人職務（一為了結現務，二為收取債權及清償債務，三為分派盈餘或虧損，四為分派賸餘財產）之規定，即可看出清算工作之內容，在於清結公司對內對外債權債務的關係。股份有限公司的清算分為兩種：(1)普通清算：係指依公司法之規定程序，以公司董事為清算人，由公司自行進行的清算。對於普通清算，

法院僅處於從旁監督的地位。(2)特別清算：係指法院依債權人或清算人或股東之聲請或依職權，令飭公司開始的特別清算。當普通清算之實行發生顯著障礙時或公司負債超過資產有不實之嫌疑，均得令飭依強制方法進行特別清算。主管機關對於特別清算得採取積極監督的態度。

我國舊銀行法對於銀行之清算，原無條文之規定。六十四年銀行法有關銀行清算之規定計有四條（第六十二條、六十六條、六十八條及第六十九條），俾處理銀行清算問題時有所遵循。

壹、確立法定清算之基礎　本法第六十六條規定：銀行經中央主管機關撤銷許可者，應即解散，進行清算。

詮釋：股份有限公司之股東，僅負對公司繳清股款之責任，對公司債權人則不負任何責任；為保障債權人之利益，不應採取任意清算主義，而應採取法定清算主義。本條規定銀行解散後應即進行清算，顯示本法對於銀行清算採取法定清算主義，寓有保護銀行債權人（特別是存款人）權益之意義。

貳、規定銀行清算依照公司法辦理並強調主管機關之監督功能　本法第六十三條規定：銀行清算及清理，除本法另有規定外，準用股份有限公司有關普通清算之規定。但有公司法第三百三十五條所定之原因，或因前條第二項之情事而為清算時，應依特別清算程序辦理。前項清算之監督，由主管機關為之；主管機關為監督清理之進行，得派員監理。

詮釋（一）：原則上採用普通清算之程序：本法對於銀行清算程序未有規定，故本條指明準用股份有限公司普通清算之程序：即以董事為清算人，由銀行自行辦理清算，法院處於從旁監督之地位。

詮釋（二）：對於例外情況採用特別清算之程序：所謂例外情況包括(1)有公司法第三百三十五條所定之原因（清算之實行發生顯著之障礙或公司負債超過資產有不實之嫌），(2)因本法第六十二條第二項之情事

（銀行因不能支付即期負債經勒令停業，逾期未能復業而被撤銷許可；應自停業時起視爲解散，原有清理程序視爲清算程序）。在上述特殊情況下，銀行自行辦理之普通清算無法進行與完成，故應在法院積極監督下展開特別清算。

詮釋（三）：強調主管機關之監督功能；爲發揮主管機關之影響，本條第二項特別規定主管機關擔負監督清算之責任，並得實行派員監理。

叁、規定主管機關對特別清算之參與　本法第六十八條規定：法院爲監督銀行之特別清算，應徵詢主管機關之意見；必要時得請主管機關推薦清算人，或派員協助清算人執行職務。

詮釋：在銀行特別清算之過程中，法院以積極態度加以監督。本法爲保障債權人之利益，特於本條規定主管機關可以各種方式（向法院提供意見、推薦清算人或派員協助）參加特別清算之進行。

肆、防止被清算銀行侵害債權人之權益　本法第六十九條規定：銀行進行清算後，非經清償全部債務，不得以任何名義，退還股本或分配股利。銀行清算時，關於信託資金及信託財產之處理，依信託契約之約定。

詮釋：銀行之淪入清算，多因經營不善，發生重大虧損或人事糾紛，其間常不免使債權人蒙受損失。本條之目的，在於防止被清算銀行在償清全部債務之前，巧立名目退還股本或分配紅利。

第三章　商業銀行

　　本法第三章爲「商業銀行」。包括條文由第七十條至七十六條，共計七條。其內容，首先規定商業銀行之定義，其次列舉商業銀行之業務項目，最後則規定商業銀行業務經營上的限制。

第一目　商業銀行之定義及其特質

　　關於商業銀行之定義，**本法第七十條規定：本法稱商業銀行，謂以收受支票存款，供給短期信用爲主要任務之銀行。**

　　舊銀行法關於商業銀行之定義爲：「凡收受普通存款與辦理一般放款、匯兌及票據承兌或貼現者，爲商業銀行」。六十四年修正銀行法時根據國際間之共同瞭解，將其修正如現行法七十條之所定。茲以現行定義爲基礎，引申詮釋商業銀行之主要特質如次：

　　詮釋（一）：收受支票存款而創造存款貨幣爲商業銀行最基本的特質。商業銀行爲收受支票存款最早和最主要的銀行，而其支票則爲社會人士廣泛用爲交易工具，因而被稱爲「創造貨幣之銀行」。由於商業銀行之卽期負債被作爲貨幣使用，以致具有創造信用之能力，故其在整個

金融體系中之地位，僅次於「銀行之銀行」的中央銀行，而爲最受重視的金融機構。

詮釋（二）：供給短期信用是商業銀行之另一主要特質。傳統的商業銀行，遵循所謂「健全銀行主義」（Sound Banking Principle），其業務透過自償性票據之貼現而對商人提供短期信用。其後商業銀行逐漸放寬業務範圍，但與一般普通銀行或專業銀行相較，其融通工商週轉之短期放款所佔比例仍高，在基本上繼續維持其多年來的特質。

詮釋（三）：現代商業銀行業務新發展的特質，在於採取多角經營策略而形成「百貨商店式的銀行」。最近數十年，商業銀行之經營，除供給短期信用之外，並透過各種方式辦理中、長期之融資，同時並拓展服務性新種業務而使其業務內容更趨廣泛和複雜。在另一方面，商業銀行最初以商業人士爲其業務對象，其後逐漸擴展及於工農各界，甚至家庭及個人亦成爲其主要業務對象。因爲服務面較他類銀行更爲廣泛，故又被稱爲大眾化的銀行。

詮釋（四）：業務國際化亦爲商業銀行日趨重要的特質之一。第二次世界大戰之後，各國均努力推展對外貿易。商業銀行之國際性業務，不但種類不斷擴充，同時交易比重亦大爲提高。商業銀行或在國外設立分行，或則建立遍及世界的往來銀行網，以配合其業務國際化的發展。

第二目　商業銀行之業務

本法第七十一條列舉商業銀行之業務項目，原來僅有十三款；七十八年修正時增列第十四款（經中央主管機關核准辦理之其他有關業務）。新增條文主旨在彈性放寬商業銀行業務以配合金融自由化之政策。茲照

列修正後條文如下，並加以註釋於後：

本法第七十一條規定商業銀行經營下列業務：

一、收受支票存款。

二、收受活期存款。

三、收受定期存款。

四、辦理短期及中期放款。

五、辦理票據貼現。

六、投資公債、短期票券、公司債券及金融債券。

七、辦理國內外滙兌。

八、辦理商業滙票之承兌。

九、簽發國內外信用狀。

十、辦理國內外保證業務。

十一、代理收付款項。

十二、代銷公債、國庫券、公司債券及公司股票。

十三、辦理與前列各款業務有關之倉庫、保管及代理服務業務。

十四、經中央主管機關核准辦理之其他有關業務。

詮釋（一）：六十四年公布之銀行法，其第七十一條規定商業銀行經營之業務計有十三款。七十八年修正銀行法時，爲配合近年金融環境之急遽變遷，彈性放寬商業銀行之業務範圍，乃增列第十四款（經中央主管機關核准辦理之其他有關業務），以鼓勵開發新種金融業務，提高服務效能。其次在財政部所提修正草案中，本條尙擬增列第二項爲：「經中央主管機關核准得收受儲蓄存款」；惟立法院未予採納，認爲第十四款爲一般性廣泛授權，可將第二項包括在內。換言之，銀行如經財政部核准，根據本條第十四款，商業銀行不但可以開發新種業務（如信用卡保證貸款、年終酬勞特別定期存款及債權收買等業務），同時如經核

准亦可收受儲蓄存款。

　　詮釋（二）：茲將本條列舉之商業銀行十四款業務，依其性質予以表列，並分別加以說明：(1)在受信業務方面：商業銀行之受信業務共有

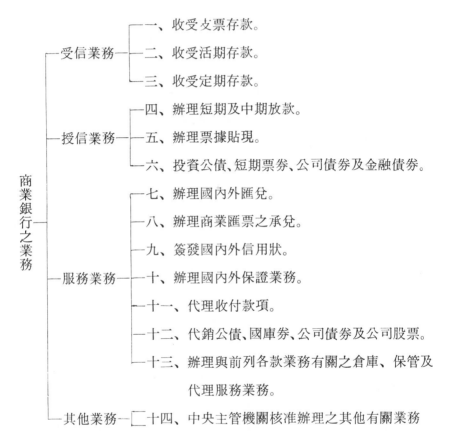

受信業務
一、收受支票存款。
二、收受活期存款。
三、收受定期存款。

授信業務
四、辦理短期及中期放款。
五、辦理票據貼現。
六、投資公債、短期票券、公司債券及金融債券。

服務業務
七、辦理國內外匯兌。
八、辦理商業匯票之承兌。
九、簽發國內外信用狀。
十、辦理國內外保證業務。
十一、代理收付款項。
十二、代銷公債、國庫券、公司債券及公司股票。
十三、辦理與前列各款業務有關之倉庫、保管及代理服務業務。

其他業務
十四、中央主管機關核准辦理之其他有關業務

三項，乃商業銀行之主要「負債」，並構成其資金之基本來源。其中「收受支票存款」一項為代表商業銀行特質之業務，而使商業銀行成為具有創造貨幣功能的金融機構。其次商業銀行之法定受信業務，並未包括「收受儲蓄存款」在內；目前國內各商業銀行均附設儲蓄部，儲蓄存款係由其「儲蓄部」收存而非由其「銀行部」收存。(2)在授信業務方面：商業銀行

之授信業務亦有三項，均爲商業銀行之主要「資產」並構成其資金運用之主要途徑。商業銀行以供給短期信用爲主要任務，故其授信活動特別注意短期方面：例如辦理一年以下之短期放款，以及承做期限更短之票據貼現；其有價證券投資不包括股票而以公債等價格穩定而易於脫售者爲限，其目的在保持銀行之流動能力，以利供給短期信用任務之達成。其次，本法規定商業銀行可以辦理中期放款，但對於中期放款之總餘額定有嚴格之限制（詳見後文），亦不致影響其供給短期信用之任務。第三，依本條規定商業銀行之授信業務不包括七年以上之長期放款。不過在實際上各商業銀行均有儲蓄部之附設，故可變相予以承做。(3)在服務業務方面：本法規定商業銀行之服務業務高達七項之多，顯示對於現代銀行業務發展趨勢之重視。其中「辦理商業匯票之承兌」、「簽發國內外信用狀」及「辦理國內外保證業務」等三項，在性質上雖屬以服務爲主之業務，在實質上亦涉及信用之提供（特別是保證業務）；故期間均不應太長，以配合商業銀行之重要任務。(4)在其他業務方面：卽財政部根據本條第十四款核准辦理之其他有關業務，其內容及種類將視財政部如何運用此項授權而決定。目前已經財政部表示者，包括信用卡保證貸款及收受儲蓄存款等項業務。 不過此類其他業務一經開辦之後， 卽可依其性質分別轉列其他類別之中（例如信用卡保證貸款應轉列爲授信業務，而收受儲蓄存款應轉列爲受信業務）。

　　詮釋（三）：　本法規定商業銀行業務計有十四款， 這是原則性的概括規定；在實際上並非每家商業銀行都同樣的經營本條所列舉的全部業務。依照本法第四條規定，各商業銀行所得經營之業務項目，須經財政部在上述十四款範圍內分別予以核定， 並於營業執照上載明之。 因之，各商業銀行之業務範圍（包括所附設之儲蓄部及信託部），雖然大體相同，卻未必完全一致。

　　詮釋（四）：商業銀行不但可以經營本條所定各款業務，又得依法附設儲蓄部及信託部而經營財政部核定之儲蓄業務與信託業務；其業務範圍如此廣泛，足爲多角經營之代表而符合「百貨商店式銀行」的名稱。在實際上，財政部曾於六十七年權宜規定，商業銀行之營業部、國外部及分行營業單位均可代辦儲蓄存款。七十八年修正銀行法在本條中增列第十四款，增列商業銀行經該部核准得收受儲蓄存款之內容，不啻承認既成之事實；但是今後商業銀行已無附設儲蓄部之必要，因爲可依第十四款而直接收受儲蓄存款。

第三目　商業銀行經營之主要限制

　　商業銀行之經營，應遵照本法所訂之定義，努力達成其主要任務；並在本法所列舉之業務項目與範圍內，分別展開其業務操作與活動。惟爲促進商業銀行之健全發展及保持其流動能力起見，本法對於商業銀行之放款、證券融資及投資等尙訂有若干限制性之規定。茲依條文順序先後，分別加以臚列及詮釋如次：

　　壹、商業銀行辦理中期放款的限制　本法第七十二條規定：商業銀行辦理中期放款之總餘額，不得超過其所收定期存款總餘額。（本法第一百三十條規定，違反第七十二條規定者，處新臺幣九萬元以上一百二十萬元以下罰鍰）。

　　詮釋（一）：以供給短期信用爲主要任務之商業銀行，其放款應以一年以下之短期放款爲主體；本法雖允許商業銀行承做一年以上七年以下之中期放款，但是對其總餘額卻規定不得超過所收定期存款之總餘額。揆其主旨，在使商業銀行以所收定期存款爲中期放款之資金來源而

不得使用支票存款及活期存款於中期放款；以期防止承做中期放款過多，影響短期放款之數量及銀行對卽期負債之流動能力。

詮釋（二）：舊銀行法原規定「商業銀行信用放款期限，不得超過一年；抵押或質押之放款期限不得超過三年」；六十四年銀行法將其修正如本條，目的在於保持商業銀行之流動能力。就防止移用短期資金於中期放款而言，限制放款期限不如限期放款數量更爲有效也。

詮釋（三）：依本法規定商業銀行不能承做長期放款，而承做中期放款又受到數量之限制，似乎商業銀行承做中、長期放款之能力頗爲有限。但因各商業銀行均有儲蓄部之附設，其多角化經營仍可順利拓展。

貳、商業銀行證券融資的管理　本法第七十三條規定: 商業銀行得就證券之發行與買賣，對有關證券商或證券金融公司予以資金之融通。前項資金之融通，其管理辦法，由中央銀行定之。

詮釋（一）：我國證券市場創立已有多年，對於我國資本證券化及經濟成長頗有貢獻。六十四年銀行法鑒於證券金融對於資本市場與貨幣市場之溝通具有積極之影響，乃在本條中規定商業銀行得辦理證券資金之融通。

詮釋（二）：美國政府過去對於銀行之股票融資未加管理，因而導致一九二九年股票市場大崩潰；一九三四年以後美國實行證券信用之管理，授權其聯邦準備制度對於以證券爲擔保之放款隨時規定或調整其保證比率（margin requirement），藉對證券市場信用實行適當的干涉。本法參考美國經驗，乃規定此項融資由中央銀行制定管理辦法，作爲中央銀行實行信用擇類管理（selective control）的工具之一。

詮釋（三）：六十五年以後，我國兼營證券經紀商業務之十家銀行，爲配合市場對信用交易融資的需求，先後開辦以上市證券爲副擔保之短期放款。復華證券金融公司於六十九年創立後，財政部通令各該銀

行停止承做此類融資之新案並限期予以結束，其後此類融資統由復華證券金融公司辦理。由於復華公司融資業務之資金來源，大部分來自十一家銀行，不啻各銀行間接辦理證券融資業務。在過去十年間，復華公司辦理此項業務，關於融資之限額、限期及保證金成數等項，均由證券管理委員會提請中央銀行核定；中央銀行可以透過此三項指標之隨時調整而發揮信用管理的功能。

叁、商業銀行投資於其他企業及非自用不動產之禁止　本法第七十四條規定：商業銀行不得投資於其他企業及非自用之不動產。但為配合政府經濟發展計畫，經中央主管機關核准者，不在此限。

詮釋（一）：商業銀行之負債以要求即付之負債（支票存款及活期存款）為主，故其資金運用應保持高度之流動能力；投資於其他企業及不動產，將使資金凍結而損害其流動能力。其次，企業之經營可能失敗而不動產價格可能下跌，以致使銀行蒙受虧損。為維持商業銀行之流動能力及避免發生資本虧損起見，本法禁止其投資於其他企業及非自用之不動產。

詮釋（二）：上述對商業銀行投資於其他企業及不動產之禁止，乃係原則性之規定；在實際上，我國主要銀行多屬公營，為配合經濟發展計畫，參加企業投資有時確難避免。例如各行庫參加國營事業及省營事業之投資，若干行庫之參加票券金融公司、證券金融公司及大貿易商之投資，以及交通銀行參加創導性之企業投資等比比皆是。因此本條乃增加「但為配合政府經濟發展計畫，經中央主管機關核准者，不在此限」的規定。此項但書一方面等於對於過去已存在之此類投資予以認許，另一方面則對於今後政策性之可能需要，保留靈活運用之途徑。

肆、商業銀行投資於自用不動產之限制　本法第七十五條規定：商業銀行對自用不動產之投資，除營業用倉庫外，不得超過其於投資該項

不動產時之淨值；投資營業用倉庫，不得超過其投資於該項倉庫時存款總餘額百分之五。（本法第一百三十條規定，違反第七十五條規定而爲投資者，處新臺幣九萬元以上一百二十萬元以下罰鍰。）

詮釋（一）：非自用不動產並非銀行經營上所必需，故本法第七十五條原則上禁止商業銀行以之爲投資對象；自用不動產爲銀行經營上所必需，故本法本條原則上准許其作爲商業銀行投資之對象。惟爲防止商業銀行投資自用不動產太多太濫，超過實際需要以致影響流動能力或可能發生虧損情形，本法本條仍採適當限制之立場。

詮釋（二）：本法本條將商業銀行自用不動產與營業用倉庫予以劃分，並給予不同而有差別之最高限額。對於倉庫以外之一般性不動產，因其與業務經營直接關係較少，爲防止商業銀行投資過於浮濫而影響其流動能力，故規定此類投資「不得超過其於投資該項不動產時之淨值」（所謂「淨值」指自有資金，包括資本、公積及未分配盈餘）。

詮釋（三）：倉庫係直接用之於營業，原則上得隨業務之發展而增加，故規定商業銀行投資營業用倉庫「不得超過其投資於該項倉庫時存款總餘額百分之五」（所謂「存款總餘額」乃存款總額扣除準備金後之餘額）。

伍、商業銀行承受擔保品處分時間之限制　本法第七十六條規定: 商業銀行因行使抵押權或質權而取得之不動產或股票，除符合第七十四條或第七十五條規定者外，應自取得之日起二年內處分之。

詮釋（一）：商業銀行常在別無善策之情況下，被迫行使抵押權或質權而以承受方式取得不動產或動產，俾在擔保品價格好轉時予以處分。此種保權行爲，如無時間限制，勢將使本法第七十四條及第七十五條限制及禁止商業銀行投資之規定變成無用之具文。故六十四年銀行法第七十六條規定，此項因承受而取得之資產「應自取得之日起一年內處

分之」。但一年時間實在太短，經常發生執行之困難；七十八年修改銀行法將此項時限由一年改爲二年。

　　詮釋（二）：依照第七十四條規定，商業銀行經財政部核准可以投資於其他企業及非自用不動產；第七十五條規定，商業銀行在不超過若干數額範圍內可以投資於自用不動產及營業用倉庫。爲免此種合法投資不受第七十六條所定處分時限（原爲一年，現改爲二年）影響，故在第七十六條中加入「除外」之規定。

第四章　儲蓄銀行

　　本法第四章爲「儲蓄銀行」章。包括條文自第七十七條至八十六條，共計十條。其內容首先規定儲蓄銀行之定義，其次分別規定業務之範圍，金融債券之發行，以及業務經營上之主要限制等。

第一目　儲蓄銀行之定義及其特質

　　本法第七十七條規定：本法稱儲蓄銀行，謂以收受存款及發行金融債券方式吸收國民儲蓄，供給中期及長期信用爲主要任務之銀行。

　　關於儲蓄銀行之定義，舊銀行法原規定爲：「凡以複利方法收受以儲蓄爲目的之定額存款者，爲儲蓄銀行」。六十四年修正銀行法時，鑒於其無論在理論上及實質上均欠允當，乃將其修正如現行法第七十七條之所列。茲以現行定義爲基礎，引申詮釋儲蓄銀行之主要特質如次：

　　詮釋（一）：透過收受存款及發行債券等方式來達到吸收國民儲蓄之目的乃係儲蓄銀行之基本特質。所謂國民儲蓄乃係國民所得減去國民消費的餘額。國民儲蓄數額零星而散在民間，必須由各類儲蓄機構（savings institutions）發揮集腋成裘的作用，始能有助於一國之資本

形成。如其名稱所示，儲蓄銀行就是以吸收國民儲蓄爲目的的儲蓄機構之一。至於收受存款與發行金融債券等項則爲達到吸收國民儲蓄的手段或工具。從銀行經營的觀點來看，收受存款與發行債券是儲蓄銀行的資金來源，而這種來源則以國民儲蓄爲基礎。是以加強國民儲蓄的吸收，乃是儲蓄銀行的主要任務和目標。

詮釋（二）：供給中期信用及長期信用爲儲蓄銀行在資金運用方面的特質。儲蓄銀行資金來自國民儲蓄，其基礎甚爲穩定，故儲蓄銀行可將之運用於期限較長，而風險較大的中期放款與長期放款。此項經營方向可與他類銀行（特別是供給短期信用的商業銀行）互相配合，發揮分工合作的功能。

附帶指出者，我國迄今尙無獨立儲蓄銀行的設立。此種事實之形成，係因儲蓄銀行所吸收者多爲須支付利息而成本較高之定期及儲蓄存款，同時其所提供之中期及長期信用則又爲回收較慢而風險較大之放款。惟商業銀行及若干專業銀行均有儲蓄部之附設，尙能擔負有效吸收國民儲蓄之任務。此外郵政儲金匯業局利用遍設各地之郵政機構及其租稅優待，近年吸收大量儲蓄存款，因其本身不能直接授信，故轉存若干專業銀行作爲中長期放款資金之來源，因而頗能補足我國未設獨立儲蓄銀行之缺點。

第二目　儲蓄銀行之業務

本法第七十八條列舉儲蓄銀行之業務項目，原本僅有十五款：七十八年修正時增列第十六款（經中央主管機關核准辦理之其他有關業務）。新增條文之主旨，在於彈性放寬儲蓄銀行業務以配合金融自由化之政

策。茲照列修正後條文，並加以詮釋於後：

本法第七十八條規定儲蓄銀行經營下列業務：

一、收受儲蓄存款。

二、收受定期存款。

三、收受活期存款。

四、發行金融債券。

五、辦理企業生產設備中期放款、長期放款，及中、長期分期償還 放款。

六、辦理企業建築、住宅建築中期放款，及中、長期分期償還放 款。

七、投資公債、短期票券、公司債券及公司股票。

八、辦理票據貼現。

九、辦理商業滙票承兌。

十、辦理國內滙兌。

十一、保證發行公司債券。

十二、代理收付款項。

十三、承銷公債、國庫券、公司債券及公司股票。

十四、辦理經中央主管機關核准之國內外保證業務。

十五、辦理與前列各款業務有關之倉庫及其他保管業務。

十六、經中央主管機關核准辦理之其他有關業務。

詮釋（一）：　本條原列十五款業務，七十八年修正時增列最後一款，以鼓勵新種業務之開發。財政部所提修正草案中，尚擬增列「經中央主管機關核准得收受支票存款」一項，惟經立法院予以刪除。據瞭解，本條第十六款頗具彈性，可將擬增內容涵蓋在內。

詮釋（二）：　茲將本條列舉儲蓄銀行之十六款業務，依其性質予以列

舉，並分別加以說明：(1)在受信業務方面：包括存款三種（依序爲儲蓄存款、定期存款及活期存款）及金融債券一種，構成儲蓄銀行資金之主要來源，並顯示此類銀行以吸收國民儲蓄爲目的之特質。(2)在授信業務方面：儲蓄銀行之授信業務以中長期放款爲主（包括對企業生產設備之中長期放款與中長期分期償還放款，對企業建築及住宅建築之中長期放款與中長期分期償還放款），顯示其主要任務之所在；惟准許辦理票據貼現，則屬短期性質而爲唯一之例外。在投資業務方面，將投資「公司

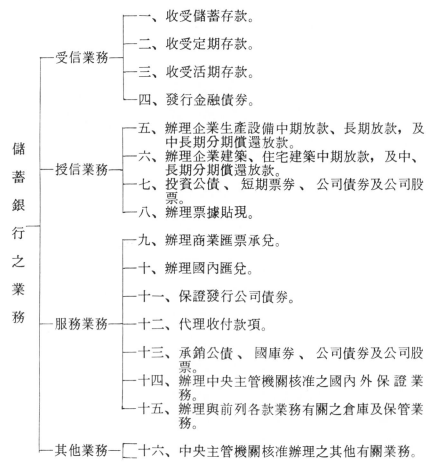

儲蓄銀行之業務
├─受信業務
│　├─一、收受儲蓄存款。
│　├─二、收受定期存款。
│　├─三、收受活期存款。
│　└─四、發行金融債券。
├─授信業務
│　├─五、辦理企業生產設備中期放款、長期放款，及中長期分期償還放款。
│　├─六、辦理企業建築、住宅建築中期放款，及中、長期分期償還放款。
│　├─七、投資公債、短期票券、公司債券及公司股票。
│　└─八、辦理票據貼現。
├─服務業務
│　├─九、辦理商業匯票承兌。
│　├─十、辦理國內匯兌。
│　├─十一、保證發行公司債券。
│　├─十二、代理收付款項。
│　├─十三、承銷公債、國庫券、公司債券及公司股票。
│　├─十四、辦理中央主管機關核准之國內外保證業務。
│　└─十五、辦理與前列各款業務有關之倉庫及保管業務。
└─其他業務─┌十六、中央主管機關核准辦理之其他有關業務。

股票」列入業務範圍，與商業銀行之不得以公司股票爲對象者顯然不同。至於金融債券之未列入儲蓄銀行的投資範圍，係因儲蓄銀行本身可以發行金融債券之故。(3)在服務業務方面：本條列舉儲蓄銀行服務性業務計有七款，其中三款（辦理商業匯票承兌、保證發行公司債券及辦理中央主管機關核准之國內外保證業務）在性質上雖屬於服務業務，在實質上亦涉及信用之提供而可列爲授信業務。與商業銀行之業務相較，儲蓄銀行不能簽發國外信用狀及辦理國外滙兌，是以儲蓄銀行原則上不辦理外滙業務（國外保證須經中央主管機關核准始能辦理）爲其業務特質之一。(4)在其他業務方面：包括財政部可能核准之新種金融業務及收受支票存款業務；就後者言，正式開辦後卽應列爲授信業務。

詮釋（三）：目前我國尚無專業儲蓄銀行之設立，上文所列舉者僅可作爲商業銀行及專業銀行所附設之儲蓄部的業務範圍；而各銀行附設儲蓄部之業務項目尚須以財政部分別核定而載明於營業執照中者爲限。應予指出者，各商業銀行附設儲蓄部之後，過去依法不得經營之業務（如收受儲蓄存款，及承做長期放款），均可透過其儲蓄部辦理；對其多角經營至爲有利而成爲名符其實的「百貨商店式的銀行」。將來如果財政部核准商業銀行可收儲蓄存款，則儲蓄銀行更少設立之可能，而各銀行附設之儲蓄部是否繼續存在亦將成爲值得檢討之問題。

第三目　金融債券之發行

金融債券之發行係六十四年銀行法所增列。其定義爲「銀行依本法有關規定，爲供給中長期信用，報經中央主管機關核准發行之債券（參看本法第十一條之規定）。由於僅有儲蓄銀行及部分專業銀行可以申請

發行金融債券，而本章對於金融債券規定之條文較多，故特設專目予以說明及詮釋。

本法第八十條規定：儲蓄銀行發行金融債券，得以折價或溢價方式發售，其開始還本期限，不得低於兩年。儲蓄銀行債券之最高發行額，以發行銀行淨值之二十倍爲限；其發行辦法，由中央主管機關洽商中央銀行定之。第八十一條規定：商業銀行及專業銀行附設之儲蓄部，不得發行金融債券。

詮釋（一）：金融債券之發行銀行及所得資金之用途：金融債券爲銀行所發行之債券，爲銀行允諾到期償還之負債或本票。依本法規定，祇有儲蓄銀行及部分專業銀行具有發行金融債券之資格。具體言之，商業銀行、信託投資公司、專業銀行中之國民銀行，以及商業銀行與專業銀行所附設之儲蓄部均不得發行金融債券。至於發行金融債券所得之資金，在儲蓄銀行應用於中期及長期信用之供給；在專業銀行應全部用於其專業投資及中長期放款。換言之，發行金融債券所得之資金，不得用於短期放款之用途。

詮釋（二）：金融債券之發行價格：金融債券原則上應按票面發行。但如發行時市場資金情況發生劇烈變化，以致原定債券利率與當時市場利率出現較大差距，就會影響金融債券之銷售情況。爲應付此種變動並使金融債券得以順利發行起見，本法遂規定金融債券「得以折價或溢價方式發售」。例如，若金融債券之利率定爲年息百分之十，而發行時市場利率已降至百分之八，卽可採取溢價發行方式，俾能避免搶購現象及減輕發行銀行之利息負擔；若原定利率定爲年息百分之八，而發行時市場利率已升至百分之十，卽可採取折價方式發行，俾能避免滯銷現象而影響發行銀行之資金調度。

詮釋（三）：金融債券之期限：金融債券爲發行銀行長期資金來源

之一，故其期限不能太短。財政部根據本法規定其償還期限，最長不得超過二十年，最短不得低於三年，其開始還本期限不得低於兩年。

詮釋（四）：金融債券之最高發行額：為防止銀行過度倚賴金融債券之發行而影響其資金調度之平衡起見，本法規定儲蓄銀行債券之最高發行額，以發行銀行淨值之二十倍為限；財政部補充規定：銀行申請發行金融債券，每一年度之發行額，不得超過其發行前一年度決算淨值之二倍。

附帶指出者，本法規定金融債券之「發行辦法，由中央主管機關洽商中央銀行定之」；財政部已於六十九年四月公布「銀行金融債券發行辦法」。該辦法之內容，在規定申請發行金融債券銀行之限制，申請發行金融債券銀行應符合的條件，金融債券每一年度之發行限額，金融債券之償還期限、面額及用途等。

第四目　儲蓄銀行經營之限制

像商業銀行一樣，儲蓄銀行之經營應依照本章所定之定義及業務項目，展開其業務活動，以達成其吸收國民儲蓄及供給中長期信用之任務。為促進其業務之均衡發展及避免發生流弊起見，本法對於定期儲蓄存款之中途提取，儲蓄銀行辦理短期放款及建築放款，投資企業股票及不動產等項，訂有程度不同而目的各異之限制。茲為分述如次：

壹、定期儲蓄存款中途提取之限制　七十八年修正銀行法第七十九條規定：定期儲蓄存款到期前不得提取。但存款人得以之質借或於七日以前通知銀行中途解約。前項質借及中途解約辦法，由中央主管機關洽商中央銀行定之。

詮釋: 前列條文係七十八年銀行法之現行條文。此項條文之內容係經過四次變動而來: (1)六十四年銀行法本條之內容為:「儲蓄存款在到期前不得中途提取。但得憑存單質借,其質借成數由中央主管機關洽商中央銀行定之」。其目的在明訂儲蓄存款不得中途提取,惟為顧及存款人緊急需要,乃增訂得憑存單質借之但書。(2)六十六年十二月銀行法將本條修正為:「定期儲蓄存款到期前不得提取。但存款人得質借或中途解約,其利息按已存期間定期存款利息計算,辦法由中央主管機關洽商中央銀行定之」。其主要目的一方面係在本條「儲蓄存款」四字以上增加「定期」二字,俾各銀行新開辦之活期儲蓄存款不受本法所定到期前不得提取之限制;另一方面在「質借」之外並准許「中途解約」,對存款人增加便利。(3)七十四年銀行法進一步將本條加以修正,其目的在明定定期儲蓄存款中途解約者,應在七日以前通知銀行,以利銀行資金之調度。 七十四年初若干金融機構 (第十信用合作社及國泰信託投資公司)之危機,頗與定期存款中途解約有關;為求安定金融之作用,乃將銀行法本條加以修正,對中途解約者增加七日前通知之限制。(4)七十八年七月將本條再度修正如上文之所列。主要在配合利率自由化之政策,刪除定期儲蓄存款中途解約有關 「 其利息按已存期間定期存款利 率 計 算」之原規定,俾中央主管機關得本於存款人與銀行雙方對等之原則,洽商中央銀行研討適當 存單質借及中途解約辦法, 以維持金融市場 之秩序。

貳、儲蓄銀行辦理短期放款之限制 本法第八十二條規定: 儲蓄銀行得辦理短期放款。但其短期放款及票據貼現之總餘額,不得超過所收活期存款及定期存款總餘額(本法第一百三十條規定,違反第八十二條之規定而放款者,處新臺幣九萬元以上一百二十萬元以下罰鍰)。

詮釋: 儲蓄銀行以供給中長期信用為主要任務,故本法規定儲蓄銀

行之業務項目，雖列有「票據貼現」，但卻未包括「短期放款」在內。但在另一方面，儲蓄銀行之資金並非完全倚賴儲蓄存款與金融債券，一部分亦來自活期存款與定期存款；如將該行之授信活動全部侷限於中長期放款之範疇，似亦非顧慮周詳之安排。本條原則上規定儲蓄銀行「得辦理短期放款」，使其短期資金獲得合理運用，又可保持適當之流動能力。其次則以但書規定其「短期放款及票據貼現之總餘額不得超過所收活期存款及定期存款總餘額」，其目的在防止其供給短期信用過多，以致浸蝕其來自儲蓄存款與金融債券之資金，減削其中長期放款之數量而影響其主要任務之達成。

叁、儲蓄銀行投資有價證券之限制　本法第八十三條規定：儲蓄銀行投資有價證券，應予適當之限制，其投資種類及限額由中央主管機關定之。（罰則：本法第一百三十條規定，違反第八十三條規定而爲投資者，處新臺幣九萬元以上一百二十萬元以下罰鍰）

詮釋：在八十一年修正前，本條規定儲蓄銀行投資企業股票以上市股票爲限，並規定(1)投資總額不得超過其主要資金來源（存款餘額及金融債券發售額）百分之十，以免過度減少其他授信之額度；(2)投資每一公司之數額不得超過該公司資本總額百分之五，藉以防止投資集中而違反分散風險之原則。大體而言，尚能符合健全銀行經營之精神。

八十一年修正後之本條內容，首先規定儲蓄銀行投資有價證券應予適當之限制。至於限制方法則由中央主管機關決定其投資種類及限額。與過去相較，現行條文具有下述兩項特質：(1)投資對象多元化：配合金融工具之多元化，本條規定銀行投資對象爲「有價證券」，不再僅及於上市股票，等於增加投資管道，自有益於銀行業務之開拓。(2)授權中央主管機關決定「其投資種類及限額」，使其可以斟酌投資對象風險大小，配合實際情況變化，透過隨時修正的程序，而對投資種類及限制予以彈

性運用，發揮適當限制的功能。

肆、儲蓄銀行辦理建築放款之限制　本法第八十四條規定: 儲蓄銀行辦理住宅建築及企業建築放款之總額，不得超過放款時所收存款總餘額及金融債券發售額之和之百分之二十。但為鼓勵儲蓄協助購置自用住宅，經中央主管機關核准辦理之購屋儲蓄放款不在此限。中央主管機關必要時，須規定銀行辦理購屋儲蓄放款之最高額度。

詮釋（一）: 由於儲蓄銀行以供給中長期信用為主要任務，故前述本法第七十八條將「辦理企業建築、住宅建築中期放款、及中長期分期償還放款」列為儲蓄銀行業務項目之一。惟此類放款在基本上係屬專業銀行中不動產信用銀行之特殊業務，如任由儲蓄銀行全力辦理此類融資，不僅將影響不動產信用銀行業務之發展，同時亦將削弱儲蓄銀行承做其他中長期放款之能力。為防止儲蓄銀行建築放款之過度擴張，六十四年銀行法乃在本條中加以如下之限制: 「儲蓄銀行辦理……建築放款之總額，不得超過放款時所收存款總餘額及金融債券發售額之和之百分之二十」。

詮釋（二）: 六十四年銀行法公布後，關於本條規定之適用，初期並未發生問題。惟因民間住宅需求殷切，建築景氣甚佳，以致各銀行購屋放款（透過附設之儲蓄部辦理）大幅增加，至六十八年以後，逐漸接近（甚至超過）上述法定最高限額。各銀行為避免違反本法規定，不得不多方限制此類建築放款之承做，一時頗受各方之詬病。為適應民間購屋貸款需求仍在續增之情況，財政部於六十九年七月制訂「購屋儲蓄存款實施要點」，其中規定參加購屋儲蓄存款之存款人，存滿一定期間後，可向銀行申請銀行本息三倍之購屋貸款。為使新增加之此類放款額度合法化，乃於同年（六十九年十二月）將本法八十四條加以修正: 即在前述六十四年本法八十四條條文之後，加列「但為鼓勵儲蓄協助購置

有用住宅，經中央主管機關核准辦理之購屋儲蓄放款，不在此限」之但書，而使此類建築放款之限額爲之放寬。

　　詮釋（三）：七十年下半年以後，金融情勢改變，定期儲蓄存款持續大幅增加，購屋貸款則受房屋滯銷而趨於平淡，以致法定額度不再發生問題。 新訂購屋儲蓄存款辦法推行成績未符理想， 但亦無何不良影響。本法本條未再修正，故六十九年十二月公布之條文，仍爲現行之條文。

　　伍、儲蓄銀行投資自用不動產之限制　本法第八十六條規定：第七十五條之規定，於儲蓄銀行準用之。

　　詮釋： 本法第七十五條規定 商業銀行對自用不 動產投資所受之 限制。本條規定儲蓄銀行準用第七十五條所定之限制： 卽(1)儲蓄銀行對自用不動產之投資， 不得超過其投資時之淨值； (2)投資於營業用倉庫，不得超過其投資時存款總餘額百分之五。本條之目的， 亦與第七十五條限制商業銀行對自用不動產投資之目的相同。

第五目　有關銀行附設儲蓄部之規定

　　本法對於儲蓄銀行之規定雖有專章之設，但是迄今尚無一家儲蓄銀行的創立； 而在另一方面，商業銀行及專業銀行卻都有儲蓄部的附設。就獨立組織的儲蓄銀行言，我們沒有一家； 就實際辦理儲蓄銀行業務之單位言，我們卻有很多家。上述有關儲蓄銀行之定義、業務項目及經營上所受限制的各項規定， 雖以獨立組織之儲蓄銀行爲對象， 實際上其適用對象乃係各銀行所附設之儲蓄部。

　　本法本章除前述有關儲蓄銀行之一般性規定之外， 對於銀行附設儲

蓄部尚有下述兩項特殊規定: (1)第八十一條規定: **商業銀行及專業銀行附設之儲蓄部，不得發行金融債券**。(2)第八十五條規定: **銀行附設儲蓄部者，該部對本行其他部分款項之往來視同其他銀行; 銀行受破產之宣告時，該部之負債得就該部之資產優先受償**。茲就此兩項規定，略加詮釋如次:

詮釋（一）: 關於商業銀行及專業銀行附設儲蓄部不得發行金融債券方面: 本法規定僅儲蓄銀行及辦理中長期信用之專業銀行始得發行金融債券; 商業銀行及專業銀行附設之儲蓄部，其資本係由所屬之商業銀行或專業銀行所撥入， 其本身並不具備法人身份， 故不得發行金融債券。且本法不准商業銀行發行金融債券，如准許其附設之儲蓄部發行，則不啻變相准許商業銀行發行; 本法准許專業銀行發行金融債券，如再准許其附設之儲蓄部發行，可能形成重複發行或雙重發行。

詮釋（二）: 關於儲蓄部與所屬銀行其他部門之相互關係方面: 本法第二十八條在規定商業銀行及專業銀行「得」附設儲蓄部時，特別強調「各該部資本、營業及會計必須獨立」之原則。為貫徹此項原則，本條（第八十五條）進一步予以補充規定: (1)儲蓄部對所屬銀行其他部門之款項往來應視同對他銀行: 為執行本法第二十八條之規定，儲蓄部應單獨設置完備帳冊為獨立之會計，並將該部與所屬銀行其他部門（如營業部及信託部等）間之款項往來（在性質上為「內部往來」），依照該部與其他銀行間之款項往來（在性質上為「同業往來」）之處理方法處理: 同樣計算應收利息或應付利息， 以免互相混淆而損害該部之獨立性。(2)銀行受破產宣告時，儲蓄部之負債得就該部之資產優先受償: 因該部營業及會計均係獨立，故在銀行宣布破產時，准許該部以本部之資產優先償還本部之負債，以免受其他部門之牽累而使該部債權人受到不應承受之損害。

　　附帶應予說明者，就是所謂銀行附設儲蓄部（或信託部）之資本、營業及會計的獨立，其獨立對象乃是所屬銀行之其他部門，而不是所屬銀行之整體。儲蓄部（信託部）本身並不具備法人資格，亦無獨立之股東會及董事會。故所謂獨立係指與所屬銀行其他各部門處於獨立或平等之地位 (independence within the bank) 而並非徹底獨立於所屬銀行企業整體之外 (independence outside the bank)。例如儲蓄部（或信託部）平日均單獨置備帳冊，自行處理會計事務，每期自行辦理決算；但因其資本係由總行撥來，故其營業結果仍應併入總行全體會計之中。

第五章　專業銀行

　　六十四年銀行法對舊銀行法實行大幅度的修正，其主要目的之一在於合理改變銀行分類，區分各類銀行業務，建立專業信用體系，以期適應經濟發展的需要。所謂專業金融制度係指在普通銀行提供一般性金融服務之外，另設專業銀行以對特定經濟部門之信用需求提供專業性的金融服務。六十四年銀行法爲便利國家經濟建設計畫之實施，促進全國經濟之均衡發展，特就今後應逐漸加強供給之特定經濟部門的信用需求，規定得由政府斟酌事實的需要，專設新銀行或指定現有銀行，構成專業信用體系，以提供所需要之工業信用、農業信用、輸出入信用、中小企業信用、不動產信用及地方性信用。

　　本法第五章爲「專業銀行」章。包括條文自第八十七條至九十九條，共計十三條。其中首先對專業銀行之定義類別及業務項目等分別加以規定；其餘之條文則就六類專業銀行（工業銀行、農業銀行、輸出入銀行、中小企業銀行、不動產信用銀行及國民銀行）之定義、主要任務及營業限制等項加以重點之規定。茲將本章內容分爲八目，依次列明各項規定內容並加以簡要之詮釋。

第一目　專業銀行之定義與類別

壹、關於專業銀行之定義　本法第八十七條規定：爲便利專業信用之供給，中央主管機關得許可設立專業銀行或指定現有銀行，擔任該項信用之供給。

詮釋（一）：依照本條規定，可見專業銀行就是供給專業信用的銀行。與普通銀行對一般行業供給信用之情形相較，專業銀行乃是對專門行業供給信用的特殊銀行。關於此類銀行之產生方式，本條規定可由財政部許可設立新銀行，亦可由該部指定現有銀行擔任供給專業信用之任務。

詮釋（二）：專業信用係一概括性之用辭，未能指明專業信用之種類；以之作爲銀行定義，難免令人有籠統而缺乏實質意義之感。如將本法次條（第八十八條）所列專業信用之類別（分爲工業、農業、輸出入、中小企業、不動產及地方性等六種信用）列入專業銀行定義之內，就可得到一個比較明確而具體的定義：『爲便利工業、農業、輸出入、中小企業、不動產、地方性等專業信用之供給，經中央主管機關指定或許可設立之銀行』（引自金桐林先生著銀行法概論一書之第一七九頁）。

詮釋（三）：舊銀行法並無「專業銀行」之分類，與之相當者爲「實業銀行」；後者之定義爲「凡對農、工、礦或其他生產、公用、交通事業經營銀行業務者，爲實業銀行」。實業銀行乃依顧客對象而冠以業名，對信用需求性質未加區分，以致其業務內容與商業銀行幾乎完全相同。六十四年銀行法爲適應經濟發展之趨勢，加強專業信用之供給，而將「實業銀行」改爲「專業銀行」，以期建立新的信用體系而配合各特

定經濟部門之特殊信用需求。

貳、關於專業銀行之分類　本法係以專業信用之分類爲基礎，並非集中於一處，而散見於本章之有關各條: 本法第八十八條規定: 前條所稱專業信用分爲左列各類:

（一）工業信用。

（二）農業信用。

（三）輸出入信用。

（四）中小企業信用。

（五）不動產信用。

（六）地方性信用。

在本章有關各條中，我們可以看到以上述專業信用爲標準而列舉之專業銀行的分類:

（一）工業銀行: 供給工業信用之專業銀行（第九十一條）。

（二）農業銀行: 供給農業信用之專業銀行（第九十二條）。

（三）輸出入銀行: 供給輸出入信用之專業銀行（第九十四條）

（四）中小企業銀行: 供給中小企業信用之專業銀行（第九十六條）。

（五）不動產信用銀行: 供給不動產信用之專業銀行（第九十七條）。

（六）國民銀行: 供給地方性信用之專業銀行（第九十八條）。

詮釋（一）: 依據上述規定，可見本法對於專業信用體系之建立，係參酌經濟發展之趨勢，首先確定那些經濟部門值得提供專業信用予以支持，然後再以專業信用之類別爲標準，分別設立各類專業銀行來處理與之有關的業務。

詮釋（二）: 本法第三章 及第四章 有關商業銀行及 儲蓄銀行之 定義，均係首先規定資金來源 （受信活動） 然後規定資金運用 （授信活動）; 本章有關專業銀行之定義，僅規定專業信用之供給而未提及資金

之來源，可見專業金融體系之建立係以配合各經濟部門之特殊信用需要為主旨。

第二目　專業銀行之業務

本法對於專業銀行之業務，計有兩項規定，分別析述如次：

壹、關於專業銀行之業務範圍　本法第八十九條規定：**專業銀行得經營之業務項目，由中央主管機關根據其主要任務，並參酌經濟發展之需要，就第三條所定範圍內規定之。**

詮釋（一）：　本法對於商業銀行、儲蓄銀行及信託投資公司等經營之業務項目均有具體之列舉（見本法第七十一條、第七十七條及第一〇一條）；但對於專業銀行則因其類別多至六種，每種銀行所供給之信用在性質上又各不相同，故各類銀行之業務範圍不宜（也不易）予以明確的硬性規定。

詮釋（二）：　本條對於專業銀行得經營之業務項目，授權財政部根據各類專業銀行之主要任務並參酌經濟發展需要，在本法第三條所列舉二十二款業務（見前文）之範圍內規定之。其中除與各專業銀行主要任務（見後文）有關之授信業務法有明文規定之外，其餘均有待財政部加以權衡裁奪，故其彈性範圍較商業銀行等更大。

詮釋（三）：　本法第三條所定銀行業務二十二款，乃係專業銀行以及各類銀行業務之混合體，其中可供專業銀行申請經營之受信業務範圍頗為廣泛；此外部分專業銀行復可附設儲蓄部及信託部及發行金融債券。因之，表面上專業銀行業務似乎局限於專業信用之提供，實際上祇要財政部核准即可經營範圍非常廣大之業務。這種富於彈性的規定，對於專業銀行來說，自屬非常有利之經營條件；但如所營業務過於龐雜，

非但使他類銀行蒙受競爭壓力，同時也會破壞建立專業金融體系之目標。中央主管機關對於專業銀行業務範圍之規定，一方面應使其具有發揮專業銀行功能之實力，另一方面又應避免其與他類銀行業務之混淆與雷同，實係一項需要審慎從事的重要工作。

貳、關於專業銀行之金融債券的發行　本法第九十條規定：專業銀行以供給中期及長期信用爲主要任務者，得準用第八十條之規定，發行金融債券。　專業銀行依前項規定發行金融債券募得之資金，應全部用於其專業之投資及中、長期放款。

詮釋（一）：所謂金融債券係銀行爲供給中長期信用而發行之債券（本法第十一條），專業銀行多以供給中期及長期信用爲主要任務，祇有地方性之國民銀行係以供給短期及中期信用爲主要任務；故在六類專業銀行之中，僅國民銀行不能發行金融債券，其餘各類專業銀行均可發行。

詮釋（二）：專業銀行發行金融債券，關於發行方式、最短還本期限、最高發行額等項，準用第八十條有關儲蓄銀行發行債券之規定（參看第四章第三目）。

詮釋（三）：專業銀行發行金融債券所募得之資金，其用途限制甚嚴，以免流入短期授信方面，而破壞專業銀行之主要功能。自六十四年銀行法公布實施以來，已有多家專業銀行（如交通銀行、土地銀行及臺灣中小企業銀行等）曾發行金融債券以籌措中長期信用所需之資金。

第三目　工業銀行

關於工業銀行方面，本法第九十一條規定：供給工業信用之專業銀行爲工業銀行。工業銀行以供給工、礦、交通及其他公用事業所需中、

長期信用爲主要任務。工業銀行經中央主管機關之核准，得經營第七十三條第一項之業務。

　　詮釋（一）：工業銀行之定義與主要任務：本條對工業銀行提供一個簡單的定義（工業銀行爲供給工業信用之專業銀行），並規定其主要任務（對工、礦、交通及其他公用事業供給所需之中長期信用）。如與舊銀行法互相對照，可見本法所定「工業銀行」之營業對象與舊銀行法所定「實業銀行」之營業對象大致相同；因之，本條規定原則上係以舊銀行法有關實業銀行之規定爲基礎。

　　詮釋（二）：工業銀行之業務：依本法（第八十九條）規定，工業銀行之業務項目，由財政部根據其主要任務並參酌經濟發展之需要，就第三條所定二十二款業務範圍規定之。十餘年來，因我國尚無工業銀行之設立，故財政部亦未規定其業務範圍；因之，關於工業銀行業務之具體內容，仍在懸而未決之階段。所可知者，厥爲其業務對象及其主要任務已經確定，而本條又規定其在經過財政部核准後得就證券之發行與買賣對證券商或證券金融公司提供資金融通（第七十三條第一項）而已。

　　工業銀行之設立方式，依本法（第八十七條）規定，或由財政部許可設立新銀行，或由政府指定現有銀行改制擔任工業信用之供給。過去十餘年來，迄無一家工業銀行依照任一方式設立。惟我國歷史悠久之交通銀行，其業務對象與本法所定工業銀行之業務對象相同，故在六十四年銀行法實行之後，即有將交通銀行改組爲工業銀行之擬議。嗣因六十八年一月二十六日修正公布施行之交通銀行條例，特許交通銀行爲「發展全國工、礦、交通及其他公用事業之開發銀行」，而未能改制爲本法所定之工業銀行。惟在實際上，交通銀行爲最接近本法所稱工業銀行之銀行；茲述其經營特質及業務內容以供參考。

　　作爲「開發銀行」之交通銀行，資本額經定爲新臺幣一百億元，其

主要任務在專責辦理創導性投資及中長期開發性融資，以促進工、礦、交通及其他公用事業之發展。根據六十八年該行「條例」之規定，其業務內容包括(1)辦理中、長期開發性放款、保證及有關配合性之短期授信；存款及代人保管證券、票據及其他貴重物品。(2)主動參加創導性投資。(3)輔導、協助授信與投資事業，改進生產與經營管理。(4)辦理證券之認購、承銷與保證。(5)辦理國內外匯兌及貨物押匯。(6)其他經財政部核定或中央銀行特許辦理之業務。以上第一項至第四項業務對象，以工、礦、交通及其他公用事業爲限。

關於該行之經營，該行「條例」尙有三項足以代表其特質之規定：(1)該行對創導性事業投資於每一企業之金額，除經財政部核准者外，不得超過該行淨值百分之五及該企業資本總額百分之二十五。前項投資股權，應於被投資事業營運正常時，經該行董事會通過後出讓之。(2)該行對工、礦、交通及其他公用事業中長期開發性授信，不得少於其授信總額百分之七十。(3)該行爲籌措資金，得向國外借款及經財政部核准接受政府指定之基金存款與在國內外發行金融債券。

第四目 農業銀行

關於專業銀行中之農業銀行，本法計有兩條規定。茲分別加以列舉及詮釋，並就中國農民銀行與本法之規定相印證。

壹、關於農業銀行之定義與主要任務 本法第九十二條規定：供給農業信用之專業銀行爲農業銀行。農業銀行以調劑農村金融，及供應農、林、漁、牧之生產及有關事業所需之信用爲主要任務。

詮釋（一）：本條規定作爲專業銀行之農業銀行，係以供給農業信

用爲要件。 至於農業銀行之主要任務， 分爲兩方面： (1)爲調劑農村金融： 在農村資金過剩時應設法予以疏導， 在農村資金不足時應努力予以補充。(2)爲對農業（包括農、林、漁、牧）生產及有關事業（農產加工業）供應所需之信用。

詮釋（二）： 本條規定農業銀行對農業生產供應「所需信用」， 並未指明其限之長短； 不過就專業銀行係以供給中長期信用爲其主要任務之特質觀察， 農業銀行所供應者仍應以中長期爲主， 但亦不排除爲配合季節需要而供應短期信用之情況。

貳、關於加強農業信用調節功能方面　本法第九十三條規定： 爲加強農業信用調節功能， 農業銀行得透過農會組織吸收農村資金， 供應農業信用及辦理有關農民家計金融業務。

詮釋： 本條責成農業銀行負起加強農業信用調節功能的責任， 指明可從匯合與分配的方面進行： (1)匯合方面在於吸收農村資金： 由農業銀行透過農會組織吸收農村資金。(2)分配方面在於供應農業信用： 該行直接或透過農會辦理農貸， 及對農民辦理家計金融業務（如耐久消費品分期償還貸款及一般生活與教育費用之貸款）。

叁、中國農民銀行之例證　在六十四年銀行法施行後， 具有悠久歷史之中國農民銀行， 於六十九年十二月修正「中國農民銀行條例」， 而構成經中央政府特許爲供給農業信用、發展農村經濟、促進農業產銷之「農業專業銀行」。 其資本總額定爲新臺幣五十億元。 依照該銀行「條例」之規定， 其經營之業務計有下列幾項： (1)收受各種存款。(2)辦理農業性放款及保證。(3)辦理國內外匯兌及貨物押匯。(4)投資農業生產運銷事業。(5)辦理農業性證券之認購、承銷及保證。(6)輔導協助其所授信或投資之事業改進生產技術與經營管理。(7)其他經財政部核定或中央銀行特許經營之業務。 其次， 該行「條例」尚有下列各點規定， 足以表現其

經營之特質: (1)該行對農業放款,不得少於放款總額百分之六十。(2)該行爲籌措資金,經財政部核准,得在國內外發行金融債券。(3)該行對農業生產運銷事業之投資,除經財政部核准者外,總額不得超過該行淨值百分之三十;其對每一企業之投資金額,不得超過該行淨值百分之五及該企業資本總額百分之二十五。(4)該行爲加強農業信用調節功能,得收受發展農業有關之各項基金存款,並透過農會與農業信用組織吸收農村資金,以供應農業信用與辦理有關農民家計金融業務。

　　綜合以上資料,可見中國農民銀行大體符合本法有關專業銀行中農業銀行之規定。該行之納入專業金融系統,以及其業務範圍之確定,均係透過專案立法程序辦理,雖與本法之規定未盡符合,但其實際結果則屬相同。在該行「條例」所列業務項目中,農業金融所佔項目甚多,同時並規定該行「對農業放款不得少於放款總額百分之六十」, 可以表現其專業銀行之特質。惟對其所供應之農業信用並未在期限長短方面劃分,本法既無應以中長期信用爲主之規定;該行「條例」亦無涉及期限劃分之表示,其事或與農業資金之主要需求(如以土地房屋爲擔保之資金融通)大部分可由不動產信用銀行供給所致。

第五目　輸出入銀行

　　關於專業銀行體系中之輸出入銀行,本法計有兩條規定。茲分別加以列舉及詮釋,並就我國新創設之中國輸出入銀行與本法規定相印證。

　　壹、關於輸出入銀行之定義與主要任務　本法第九十四條規定: 供給輸出入信用之專業銀行爲輸出入銀行。　輸出入銀行以供給中、長期信用、協助拓展外銷及輸入國內工業所必需之設備與原料爲主要任務。

詮釋（一）：本法對輸出入銀行所訂之定義，指明其爲專業銀行體系中供給輸出入信用之銀行；所謂輸出入信用，實際上即對外貿易之信用，故輸出入銀行即係供給對外貿易（或國際貿易）信用之銀行。

詮釋（二）：關於輸出入銀行之主要任務，本法規定該行所供給者爲中期及長期輸出入信用，短期輸出入信用不在供給之列；該行供給輸出入信用之目的，在協助外銷方面是全面性的，在協助輸入方面則是選擇性的——僅以輸入國內工業所必需之設備與原料爲限。換言之，短期貿易信用及一般商品輸入之融資並非該專業銀行主要任務之範圍，而任由他類銀行承做。

貳、關於輸出入銀行對企業家國外投資之授信　本法第九十五條規定：輸出入銀行爲便利國內所需重要工業原料之供應，經中央主管機關核准，得提供業者向國外進行生產重要原料投資所需信用。

詮釋：現代化工業之經營，非常注意重要原料之掌握，如完全倚賴向其他國家採購進口，難免受到對方之操縱或抬價，而無法獲得充分與廉價原料之供應。爲避免此種情況發生，很多國家都鼓勵本國廠商在國外投資，以直接掌握重要工業原料，俾能確保原料之低廉與供應無缺。本法本條規定輸出入銀行，經財政部核准，得對本國廠商提供信用在國外進行生產重要原料之投資，其目的即在於此。

叁、中國輸出入銀行的例證　六十四年銀行法施行後，中國輸出入銀行根據立法院通過之「中國輸出入銀行條例」而於六十八年一月正式成立。依照「條例」之規定，該行經營下列各項業務：(1)辦理輸出機器設備及其他資本財所需價款或技術服務費用之保證及中、長期融資。(2)辦理出口廠商爲掌握重要原料供應或爲拓展外銷從事對外投資，以及工程機構承包國外工程所需資金與合約責任之保證及中、長期融資。(3)辦理出口廠商輸入與其外銷有關之原料、器材、零件所需價款之保證及中期

融資 。 (4)辦理出口廠商短期融資之保證 。 (5)辦理財政部核准之輸出保險。(6)辦理國內外市場調查、徵信、諮詢及服務事項。(7)其他經財政部核准辦理之業務。此外「條例」對該行資金來源及債權處理尚有下述兩項規定: (1)該行為籌措資金, 經財政部核准, 得向國外借款或在國內外發行短期票券及中、長期金融債券。(2)該行得將其辦理融資所獲得之債權轉讓與其他金融機構, 亦得受讓其他金融機構因辦理與輸出入有關融資之債權。

在中國輸出入銀行成立之前, 我國已有多家商業銀行及專業銀行辦理外匯業務, 但所提供之輸出入信用大都屬於短期性質。中國輸出入銀行提供中長期輸出入信用, 正好彌補這種缺點。就其業務內容觀察, 該行不辦理存款業務而倚賴高額資本、國內外借款及發行債券等項為其資金來源, 與一般銀行頗有不同。該行之設立, 係以「促進出口貿易, 發展經濟」為目的, 故其授信活動以拓展輸出為主, 而輸入融資份量甚輕; 此為各國輸出入銀行之共同特質, 我國自不例外。就實質觀點言, 該行符合本法有關輸出入銀行之各項規定, 應可不折不扣的被列入專業銀行之體系。但就該行設立之方式言, 並未依照本法之規定辦理而係通過單獨立法程序辦理, 其業務項目非經財政部在本法所定二十二項業務範圍內核定而係經過立法程序通過。

第六目　中小企業銀行

本法有關中小企業銀行之規定僅有一條, 茲為詮釋如次; 並就中小企業範圍之擬訂, 及臺灣中小企業銀行之業務內容分別加以補充說明。

壹、關於中小企業銀行之定義及主要任務　本法第九十六條規定:

供給中小企業信用之專業銀行爲中小企業銀行。中小企業銀行以供給中小企業中、長期信用，協助其改善生產設備及財務結構、暨健全經營管理爲主要任務。中小企業之範圍，由中央經濟主管機關擬訂，報請行政院核定之。

詮釋（一）：中小企業銀行之定義：本法規定該行爲專業銀行體系中供給中小企業信用之銀行。其授信對象按企業規模劃分，中小企業爲其授信對象而大企業則否。在另一方面，各類企業均可向中小企業銀行申請融資，而不像工業銀行或農業銀行那樣其授信對象集中於特殊行業。

詮釋（二）：中小企業銀行之主要任務：依本法規定，其主要任務可分爲兩方面：(1)對中小企業提供中長期信用：以期彌補其資本薄弱及信用欠佳之缺點；至於中小企業所需之短期信用，一方面可由其他銀行供給，另一方面本法亦未排除可由中小企業銀行融通。(2)協助中小企業改善設備及管理：針對中小企業之弱點，中小企業銀行可透過授信行爲及輔導活動而協助中小企業改善其生產設備、財務結構及健全經營管理。

貳、關於中小企業之範圍的訂立　本法規定係「由中央經濟主管機關擬訂，報請行政院核定之」。在實際上，經濟部自五十七年九月奉行政院核准頒訂「中小企業輔導準則」起，即開始正式明定中小企業之範圍。自當時以迄七十一年七月止，中小企業之範圍經過四次修訂。由於我國經濟繼續成長與企業規模不斷擴大之關係，致所定標準（如實收資本額、資產總值及營業額等）亦隨之逐次提高。七十一年七月修正之「中小企業輔導準則」規定，凡依法辦理登記而獨立經營之企業，符合下列標準之一者，即屬於中小企業之範圍：(1)製造業、加工業及手工業：實收資本額在新臺幣四千萬元以下，而其資產總值不超過一億二千萬元者；(2)礦業：實收資本額在四千萬元以下者；(3)進口或出口貿易

業、商業、運輸業及其他服務業：每年營業額在四千萬元以下者。

附帶說明中小企業在我國經濟中之重要性，藉以瞭解政府設立中小企業銀行以加強對中小企業融資的必要性。「根據有關方面在民國六十四年之統計，本省現有企業，其登記資本額在五百萬元之工廠——即中小企業，計有五萬二千餘家，約佔總家數之九三‧七％；員工人數達七十七萬餘人，佔從業員工總數五三‧四％；其對國家經濟發展之貢獻約在六〇％以上。」（引自金桐林著《銀行法概論》之一九八頁）。另「據財政部統計，七十一年度臺灣地區中小企業之製造業家數佔全體製造業家數九八‧八三％，礦業佔九九‧〇三％，商業佔九六‧七九％……僱用員工總數……亦佔全國總就業人數百分之七十以上……」（引自七十二年度《中小企業金融年報》第一二頁）。

叁、中小企業銀行之例證　六十四年銀行法實行後，政府開始將過去之合會儲蓄公司改制為中小企業銀行。臺灣省營之臺灣合會儲蓄公司首於六十五年七月改組為全省性的臺灣中小企業銀行，而七家區域性民營合會儲蓄公司（計臺北區、新竹區、臺中區、臺南區、高雄區、花蓮區及臺東區）亦分別先後改制為各該區域性的中小企業銀行。由於各中小企業銀行均可設立分支機構，故在很短期內就構成相當廣泛的中小企業銀行體系。

中小企業銀行之業務範圍，依本法（第八十九條）規定應由財政部根據其主要任務，並參酌經濟發展之需要，就本法第三條所定範圍（包括二十二項目）規定。透過此項程序而確定之臺灣中小企業銀行的業務項目，計包括下列十五項：(1)收受支票存款。(2)收受其他各種存款。(3)發行金融債券。(4)辦理中小企業及個人放款。(5)辦理票據貼現。(6)投資任何事業股票以外之有價證券。(7)投資公債國庫券及金融債券。(8)辦理國內匯兌。(9)辦理中小企業匯票承兌。(10)簽發中小企業國內遠期信用

狀。⑾辦理中小企業國內保證業務。⑿代理收付款項。⒀辦理與前列各款業務有關之倉庫保管及代理服務業務。⒁經政府許可辦理之合會及其他業務。⒂依照銀行法有關規定報請中央主管機關核准後設立儲蓄部、信託部辦理儲蓄信託業務。

就臺灣中小企業銀行之業務觀察，可知其授信活動多以中小企業為對象，頗能符合本法規定而表現其專業銀行之特質。財政部規定該行對中小企業融資比率不得低於七〇％，但該行最近兩年平均超過八〇％。該行業務項目繁多，除於七十四年被核准辦理外匯業務外，同時又有儲蓄部、信託部之附設，幾乎承做所有銀行業務而有走向「百貨商店式銀行」的趨勢。該行目前仍在辦理合會業務，如能早日取消而以放款方式提供中長期信用，當可有助於其專業銀行功能之發揮。

第七目　不動產信用銀行

關於不動產信用銀行　本法第九十七條規定：供給不動產信用之專業銀行為不動產信用銀行。不動產信用銀行以供給土地開發、都市改良、社區發展、道路建設、觀光設施及房屋建築等所需中、長期信用為主要任務。

詮釋（一）：不動產信用銀行之定義：依本法規定，屬於專業銀行體系之不動產信用銀行，係指供給不動產信用之銀行。本法有關不動產信用銀行之條文，乃六十四年銀行法所增列，在觀念上係以外國之抵押銀行（Mortgage Bank）為倣效之模式。此類銀行之授信，係透過房屋及土地等不動產之抵押方式而提供期限較長之融資。

詮釋（二）：不動產信用銀行之主要任務：不動產信用銀行之主要

任務係透過以不動產爲擔保品之方式，對特定目標所需信用進行中長期放款。 依本法規定， 此類特定目標計有下述六項： (1)土地開發， (2)都市改良，(3)社區發展，(4)道路建設， (5)觀光設施及(6)房屋建築。以上這些特定目標，大都與國家基本建設、改善人民生活環境及條件有關，因而具有政策性的意義。且因此類授信多屬短期不能收回之貸款，故其資金應以資本、政府專款及出售金融債券所得資金爲主要來源，而不應倚賴短期性之存款。此類銀行負有政策性任務，大體而言，以公營爲宜。

詮釋（三）： 目前各銀行辦理不動產信用之情形： 六十四年銀行法施行以來，我國尚無依法設立專業之不動產信用銀行。不過多年以來，我國銀行對於以不動產爲擔保之此類中長期放款曾以個別貸放及聯合貸放之方式予以承做；其中臺灣土地銀行，在房屋建築之融資方面貢獻較大。但就符合本法規定之不動產信用專業銀行言，迄今仍屬缺如。各方曾努力將臺灣土地銀行依法改組爲此類專業銀行，但基於多種因素之考慮而未能付之實施。

第八目　國民銀行

本法關於 國民銀行計有兩條規定， 茲依序加以列舉及分別詮釋 如次：

壹、關於國民銀行之定義及其主要任務　本法第九十八條規定： 供給地方性信用之專業銀行爲國民銀行。國民銀行以供給地區發展及當地國民所需短、中期信用爲主要任務。

詮釋（一）： 屬於專業銀行體系之國民銀行， 係指供給地方性信用之銀行， 卽一般所稱之爲平民銀行。本法有關國民銀行之條文， 係六十

四年銀行法所增列；在觀念上係以美國之鄉村銀行（Country bank）及日本之相互銀行為基礎；而國民銀行之名稱則仿自韓國。

詮釋（二）：國民銀行以提供短期及中期信用為其主要任務，與其他專業銀行相較，其所提供之信用在性質方面（屬於地方性）及期限長短方面（長期信用不在提供之列）均不相同，顯示其任務特質之所在。

貳、關於國民銀行經營上之限制　本法第九十九條規定：國民銀行應分區經營，在同一地區內以設立一家為原則。國民銀行對於每一客戶之放款總額，不得超過一定之金額。國民銀行設立區域之劃分，與每戶放款總額之限制，由中央主管機關定之。

詮釋（一）：為使國民銀行能達到服務平民金融之使命，避免與商業銀行及其他專業銀行發生業務上之衝突，本法對於國民銀行之經營，訂有兩項限制：(1)區域方面之限制：即規定國民銀行應分區經營，且在同一地區以設立一家為原則。不過此一「區域」究有多大（一市、一縣或一鄉鎮），尚待中央主管機關之解釋或澄清。(2)每戶貸款金額之限制：即規定每戶貸款之最高限額，俾該行貸款得以分散於一般平民。

詮釋（二）：六十四年銀行法實施十餘年來，我國迄今尚無一家國民銀行之設立。是以國民銀行之業務項目，以及設立區域之劃分與每戶放款總額之限制等項，財政部亦未予以核定或規定；故有關國民銀行之細節，尚待將來事實之證明。

在六十四年銀行法改制之初，財金當局曾考慮將合會儲蓄公司改組為國民銀行，但因合會儲蓄公司改為中小企業銀行而作罷。有人認為信用合作社亦為平民金融機構，不妨將之改為國民銀行；但因涉及合作金融系統而未能付諸實施。

第六章　信託投資公司

本法「信託投資公司」一章之內容，係六十四年銀行法就舊銀行法「信託公司」章之規定酌作修正而來。其主要變動係在公司名稱方面，於「信託」之下增加「投資」二字，以強調該公司之投資業務與促進資本形成之功能。七十四年及七十八年銀行法雖有修正(前者影響較大)，但本章之結構則仍維持不變。

本章包括條文自第一百條至第一百十五條，共計十六條。其內容係對信託投資公司之定義與任務、業務範圍、資金與業務經營之限制、信託契約之內容，信託人之保障，以及信託帳目之處理等項，分別予以具體而扼要之規定。茲分目加以敘述及詮釋如次：

第一目　信託投資公司之定義與任務

關於信託投資公司之定義與任務　本法第一百條規定：本法稱信託投資公司，謂以受託人之地位，按照特定目的，收受、經理及運用信託資金與經營信託財產，或以投資中間人之地位，從事與資本市場有關特定目的投資之金融機構。信託投資公司之經營管理，依本法之規定；本法未

規定者,適用其他有關法律之規定; 其管理規則,由中央主管機關定之。

詮釋（一）: 有關信託的基本概念: 信託業務性質特殊, 並涉及相當複雜之法律關係, 故在說明信託投資公司之定義及任務之際, 須對信託之基本概念略作介紹。所謂信託（Trust）乃是一項以財產爲中心之法律關係。在信託行爲中, 當事人之一方, 爲自己或第三人之利益, 將其財產權移轉於他方, 而由他方對之依照一定目的代爲管理、運用或處分。信託行爲之標的及關係人如下: (1)信託行爲之標的: 信託行爲之成立, 係以可供移轉之財產權爲標的或對象。此類財產權範圍甚廣, 不但包括動產、不動產及有價證券, 而且亦包括債權及無形財產, 但就信託投資公司來說, 可以充當受託對象之財產則以可安全確實加以管理運用者爲限。通常包括金錢、有價證券、動產、土地及建物、地上權及土地租賃權等。(2)信託行爲之關係人: 信託行爲關係人或當事人有三: 一爲信託人(Entrustor), 卽將財產所有權移轉給他人之人; 二爲受託人 (Trustee), 卽接受信託人之信託而管理、運用與處分財產之人; (3)受益人 (Benfeficiary), 卽由信託人指定而享受因該項財產之管理、運用與處理所發生利益之人; 信託行爲以信託人自己之利益爲目的者, 稱爲「自益信託」, 以他人之利益爲目的者稱爲「他益信託」。

詮釋（二）: 信託投資公司之定義與任務: (1)關於定義方面, 舊銀行法規定「凡以信託方式收受、運用或經理款項及財產者, 爲信託公司」; 其業務僅以一般信託活動爲限。六十四年銀行法修正時, 一方面求符合現實情況（六十年七月以後, 政府先後核准國泰、中國、第一、華僑、中聯、亞洲及臺灣土地開發等七家信託投資公司之設立）, 一方面爲求加強投資以促進資本形成, 乃將舊法所定「信託公司」易名爲「信託投資公司」, 而於本法第一百條賦予新定義（如上列之條文）。其意義所在, 係規定作爲金融機構之信託投資公司, 除辦理一般信託業務之外,

尚從事於與資本市場有關特定目的之投資業務。⑵關於任務方面，本法
對於他類銀行（如商業銀行、儲蓄銀行及各類專業銀行等）均明訂其主
要任務；惟對信託投資公司則未明訂其任務。但是我們卻可以從本法所
定之定義中，推論其任務之所在：信託投資公司辦理一般信託業務，負
有協助個人及企業改善其財務管理之任務；另一方面從事資本市場之投
資及對企業界提供中、長期資金之融通，負有配合經濟發展以促進資本
形成之任務。

　　詮釋（三）：信託投資公司管理法規之適用與訂定：關於信託投資
公司之經營管理，本法第一百條第二項規定：「信託投資公司之經營管
理，依本法之規定；本法未規定者，適用其他有關法律之規定；其管理
規則，由中央主管機關定之」。由於我國迄今尚無「信託法」及「信託
業法」之制訂，故可資適用之「其他有關法律」至為有限（祇好適用一
般性之民法及公司法）。至於管理辦法，財政部於六十二年已有頒訂
（六十四年銀行法本章有關信託投資公司之規定，部份取材於該管理規
則）；六十四年銀行法施行後，「信託投資公司管理規則」經過數次修
正，現行規則係七十六年二月所頒行者。在「信託法」及「信託業法」
正式制訂之前，此項規則對於信託投資公司之經營管理，具有舉足重輕
之影響。

第二目　信託投資公司之業務

**依照七十八年本法第一百零一條之規定，信託投資公司經營左列業
務：**

一、辦理中、長期放款。

二、投資公債、短期票券、公司債券、金融債券及上市股票。

三、保證發行公司債券。

四、辦理國內外保證業務。

五、承銷及自營買賣或代客買賣有價證券。

六、收受、經理及運用各種信託資金。

七、募集共同信託基金。

八、受託經管各種財產。

九、擔任債券發行受託人。

十、擔任債券或股票發行簽證人。

十一、代理證券發行、登記、過戶及股息紅利之發放事項。

十二、受託執行遺囑及管理遺產。

十三、擔任公司重整監督人。

十四、提供證券發行、募集之顧問服務，及辦理與前列各款業務有關之代理服務事項。

十五、經中央主管機關核准辦理之其他有關業務。

　　經中央主管機關核准，得以非信託資金辦理對生產事業直接投資或投資住宅建築及企業建築。

　　詮釋（一）：業務範圍之消長：自民國六十四年以迄七十八年，信託投資公司之法定業務頗有消長：(1)六十四年銀行法規定，其業務項計有十七款之多。與一般銀行業務相較，雖不能接受支票存款及辦理短期放款與國內外滙兌業務，但卻可辦理多種信託業務、中長期授信業務及一般投資與證券投資之業務，其活動空間至為廣大，有人稱之為「金融的百貨公司」。(2)七十四年銀行法將其業務項目減為十四款。此項調整主要由於此類公司業務走向畸形發展，將其大量信託資金運用於購置不動產及直接投資於生產事業，對象太濫與數量過大之結果，使兩家信託公司

發生經營危機。針對此種情況，七十四年銀行法乃將「對生產事業直接投資」及「投資住宅建築及企業建築」兩項業務予以刪除（此外尚刪除證券投資業務兩款及增加「募集共同信託基金」業務一款），而使其恢復正常及穩定之發展。(3)七十八年修正銀行法增加業務一款而總數成為十五款。新增者之第十五款業務為「經中央主管機關核准辦理之其他有關業務。」此項增加乃係因應金融環境變化並配合金融自由化之政策，擬准許信託投資公司辦理信用卡業務等。

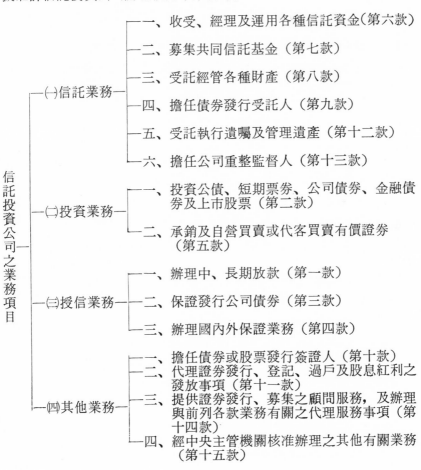

信託投資公司之業務項目

（一）信託業務
- 一、收受、經理及運用各種信託資金（第六款）
- 二、募集共同信託基金（第七款）
- 三、受託經管各種財產（第八款）
- 四、擔任債券發行受託人（第九款）
- 五、受託執行遺囑及管理遺產（第十二款）
- 六、擔任公司重整監督人（第十三款）

（二）投資業務
- 一、投資公債、短期票券、公司債券、金融債券及上市股票（第二款）
- 二、承銷及自營買賣或代客買賣有價證券（第五款）

（三）授信業務
- 一、辦理中、長期放款（第一款）
- 二、保證發行公司債券（第三款）
- 三、辦理國內外保證業務（第四款）

（四）其他業務
- 一、擔任債券或股票發行簽證人（第十款）
- 二、代理證券發行、登記、過戶及股息紅利之發放事項（第十一款）
- 三、提供證券發行、募集之顧問服務，及辦理與前列各款業務有關之代理服務事項（第十四款）
- 四、經中央主管機關核准辦理之其他有關業務（第十五款）

　詮釋（二）：業務內容之劃分：七十八年銀行法所定信託投資公司之十五款業務，依其性質可分四類。茲爲列表並加以說明如下：(1)信託業務：包括收受、經理及運用各種信託資金、募集共同信託基金及受託經管各種財產等六種業務；其中各種信託資金之營運，爲目前各信託投資最主要之業務；而募集共同信託基金之業務則迄今尙未開辦。(2)投資業務：包括投資債券及上市股票，承銷及自營或代客買賣有價證券；不再從事生產事業直接投資及建築投資。(3)授信業務：包括中、長期放款及保證業務；不能辦理短期授信業務，但其放款對象可及於非生產事業及個人（過去以生產事業爲限）。(4)其他業務：多爲與證券有關之服務性質，以及可能辦理之新種業務（例如根據第十五款而辦理之信用卡業務）。

第三目　信託契約之訂立

　關於信託契約之訂定及其內容　本法第一百零四條規定：信託投資公司收受、經理或運用各種信託資金及經營信託財產，應與信託人訂定信託契約，載明左列事項：

一、資金營運之方式及範圍。

二、財產管理之方法。

三、收益之分配。

四、信託投資公司之責任。

五、會計報告之送達。

六、各項費用收付之標準及其計算之方法。

七、其他有關協議事項。

　　詮釋（一）：訂立契約之必要：信託投資公司經營信託業務，無論是收受信託資金，還是經營信託財產，都需要依照信託人之意思，予以管理運用，而將所得利益交付受益人。所謂信託契約就是記載信託人（或委託人）與受託人（或信託投資公司）雙方同意之信託條件的文書。此項契約之訂立，足爲信託投資公司執行信託之依據，同時也對信託人之利益提供保障。爲維持雙方利益及避免發生糾紛起見，殊有訂立此項契約之必要。

　　詮釋（二）：信託契約之內容：在基本上，信託契約係由信託人與受託人雙方同意簽訂，祇要其內容不違反法令規定、公共秩序及善良風俗，均可由當事人自由訂定而不受限制。但就信託投資公司言，其與信託人間所訂之信託契約，則至少須載明本法一百零四條所規定之事項。

第四目　自有資金之運用

　　信託投資公司業務之經營，需要資金以供其運用。其資金之主要來源，爲所收受之信託資金；而其自有資金（主要包括資本及公積）亦構成其資金來源之一部分。本目首先析述信託投資公司自有資金之運用。

　　依本法（第一百十一條）規定，信託公司應將公司自有財產與受託財產「分別記帳，不得流用」。故其自有資金與信託資金亦須分開而個別營運。關於信託投資公司自有資金之營運範圍，六十四年銀行法原規定，除存放銀行外，僅可經營該法所定十七款業務中前七款（主要爲放款、投資及保證等業務）；其範圍甚狹而限制甚嚴。七十四年銀行法認爲上述限制並無必要而予刪除。故自七十四年銀行法施行後，信託投資公司對於現行法一百零一條所規定之業務，均得運用自由資金辦理。這

是一項重大改變，而使自有資金運用之範圍大爲擴充。

就現行法言，自有資金之運用僅受　**本法第一百零二條規定之限制: 信託投資公司經營證券承銷商或證券自營商業務時，至少應指撥相當於其上年度淨值百分之十專款經營，該項專款在未動用時，得以現金貯存，存放於其他金融機構或購買政府債券。**

詮釋（一）：自七十四年銀行法施行後，信託投資公司自有資金運用之範圍，大形擴充。本條規定信託投資公司辦理證券承銷及證券交易業務時，必須指撥充足專款參加經營，且在未動用前應維持高度流動性，其動機係對證券市場之安定與繁榮有所貢獻。

詮釋（二）：財政部七十年五月頒布之「信託投資公司管理規則」，對其自有資金之運用，訂有明確之範圍及各項投資對淨值之比率；唯七十二年「規則」已予刪除。

第五目　信託資金之類別及其運用

信託資金（trust fund）爲信託投資公司最主要的資金來源。透過此類信託資金之收受而匯集數量龐大之資金，使信託投資公司得以辦理其中、長期放款及進行各項投資活動，實爲該公司具有關鍵性之業務。茲分述本法有關信託資金類別及其運用之規定如次:

本法第一百十條規定: 信託投資公司得經營左列信託資金:

一、由信託人指定用途之信託資金。

二、由公司確定用途之信託資金。

信託投資公司對由公司確定用途之信託資金，得以信託契約約定，由公司負責，賠償其本金損失。

　　信託投資公司對應賠償之本金損失，應於每會計年度終了時確實評審，依信託契約之約定，由公司以特別準備金撥付之。

　　前項特別準備金，由公司每年在信託財產收益項下依主管機關核定之標準提撥。

　　信託投資公司經依規定十足撥補本金損失後，如有剩餘，作為公司之收益；如有不敷，應由公司以自有資金補足（依本法第一百二十九條規定，未依本條規定提撥特別準備金者，處新臺幣十五萬元以上一百八十萬元以下罰鍰）。

　　詮釋（一）：信託資金之定義及其類別：依本法(第十條)對信託資金之定義，信託資金「謂銀行以受託人地位，收受信託款項，依照信託契約約定之條件，為信託人指定之受益人之利益而經營之資金」；其詮釋已見前述。至於信託資金之類別，本法則以其用途如何決定而將之分為下述兩類：(1)由信託人指定用途之信託資金，一般稱之為特別信託資金：此種信託資金之用途（包括運用方法、對象及期間等）係由信託人予以指定，公司（受託人）不得任意變更。由於公司完全係按信託人之指定用途來運用此種資金，故其營運盈虧由信託人自行負責，公司並無任何責任之可言。在實際上，此種由信託人自行指定用途之信託資金並不普遍和常見，故一般稱之為特別信託資金。(2)由公司確定用途之信託資金，一般稱之為普通信託資金：對於此種信託資金之運用，信託人並不加以干預，而完全由信託投資公司自由運用。故其營運結果，如有盈餘係由公司與信託人依約定條件分配，如有虧損則由公司負責承擔而對信託人賠償其本金損失。在實際上，信託投資公司所收受之信託資金，幾乎全部屬於這種信託資金，故一般稱之為普通信託資金。

　　詮釋（二）：有關由公司確定用途信託資金損失賠償的規定：由於由信託人指定用途之信託資金，乃係並不經常發生之信託資金，且在信

託投資公司之資金來源中地位並不重要，故本法有關此種信託資金之規定亦甚有限。反之，由公司確定用途之信託資金則因其為公司資金之主要來源，公司對之可以自由運用，因而產生公司對信託人擔負賠償本金損失之責任。茲將本法有關規定擇要分述如下：(1)賠償責任之確定：信託投資公司對由公司確定用途之信託資金，得以信託契約約定，由公司負責，賠償其本金損失；並得保證最低收益率（七十二年五月財政部核定為不超過同期別存款利率加○‧五％）。(2)以特別準備金賠償本金損失：信託投資公司對應賠償之本金損失，應於每會計年度終了時確實評審，依信託契約之約定，由公司以特別準備金撥付之。上項特別準備金由公司每年在信託財產收益項下依主管機關核定之標準提撥。(3)特別準備餘絀之處理：信託投資公司經依規定十足撥補本金損失後，如有剩餘，作為公司之收益；如有不敷，由公司以自有資金補足。

　　詮釋（三）：關於信託資金之運用方面：銀行法本身對於信託資金之運用，並無明文加以規定；大抵在本法所定各項業務中，凡可利用信託資金予以經營者，均在信託資金合法運用範圍之內。七十年五月之「信託投資公司管理規則」對於由信託人指定用途之信託資金，曾規定其指定用途以四種業務（包括直接投資生產事業、投資住宅及企業建築、投資債券及上市股票、辦理對生產事業之中長期放款）為限，其事似與立法原旨不合；七十二年五月之「規則」已將此項規定刪除。至於由公司確定用途之信託資金，七十六年二月之「規則」規定其營運範圍包括(1)辦理中、長期放款，(2)投資公債、公司債券、金融債券及上市股票，(3)投資短期票券，(4)其他經財部核准辦理之業務；財政部必要時，經洽商中央銀行後，得對上述信託資金之營運標準予以適當之限制。

　　附帶指出者，財政部頒訂之「信託投資公司管理規則」，尚有下述與信託資金有關之規定：(1)信託資金之期限：七十六年「規則」規定信

託資金之委託期限至少須爲一個月期。七十二年「規則」規定由公司確定用途之信託資金，其委託期限得爲定期或不定期。此項增列不定期信託資金之規定，在立法院中曾引起激烈爭執，終因七十四年銀行法未採納增列不定期信託資金之擬議而結束。(2)收受信託資金總額之限制：七十六年「規則」規定信託投資公司收受由公司確定用途之信託資金，其總額不得超過淨值之三十倍。

第六目　信託資金準備之繳存

爲保障信託人之利益，本法對於信託投資公司收存信託資金規定應繳存「信託資金準備」；正如本法（第十七條及第四十二條）規定銀行收受存款應繳存「存款準備金」一樣。關於信託資金準備之內容及其繳存比率，**本法第一百零三條規定：信託投資公司應以現金或中央銀行認可之有價證券繳存中央銀行，作爲信託資金準備。其準備與各種信託資金契約總值之比率，由中央銀行在百分之十五至二十之範圍內定之。**

但其繳存總額最低不得少於資本總額百分之二十。前項信託資金準備，在公司開業時，暫以該公司實收資本額百分之二十爲準，俟公司經營一年後，再照前項準備於每月月底調整之。

詮釋（一）：準備之名稱與用途：六十四年銀行法將信託投資公司所提此類準備稱爲「賠償準備」，作爲公司違反法令規章或信託契約條款致受益人遭受損失時賠償之用。七十四年銀行法鑒於上述「賠償準備」之用途過於狹窄，爰將其名稱修正爲「信託資金準備」，並擴大此項準備之用途，一方面可用於賠償損失，另一方面可用以應付流動能力之不

足（卽擠提現款之危機）。大體而言，其名稱雖有變動，但其用途仍在保護信託人（或受益人）之利益。

詮釋（二）：繳存之對象與準備之內容：信託投資公司信託資金準備之繳納，係以中央銀行爲對象。至於準備之內容，依照六十六年銀行法之規定，包括公債、國庫券、金融債券、銀行保證發行之公司債券或現金。七十四年銀行法鑒於此項列舉方式往往掛一漏萬（如臺北市平均地權土地債券卽未包括在內），爰將其內容修正爲「中央銀行認可之有價證券」，同時並將「現金」列爲繳存準備之首。不過在實際上，幾乎沒有信託投資公司肯以現金繳納此項準備，因恐喪失利息收入之故。

詮釋（三）：信託資金準備之繳存比率：信託投資公司應繳存之此項準備，六十四年銀行法規定應等於各種信託資金契約總值之百分之二十。六十六年銀行法將此項繳存比率修正爲「由中央銀行在百分之十五至二十之範圍內定之」。此項比率由固定比率（二○％）改爲有上限（二○％）及下限（一五％）之變動比率，可供中央銀行用爲控制信用工具之一；不過其變動幅度不大，中央銀行迄未加運用。（本法除對繳存比率加以規定外，並以實收資本總額爲標準，對最低繳存總額及開業時期之過渡性繳存比率另有具體之規定（事實上均爲實收資本總額之百分之二十。）

第七目　募集共同信託基金之規定

信託投資公司除以收受信託資金方式匯集大量資金以進行放款及投資活動之外，並可以公開發行信託憑證方式，募集具有共同信託性質而

由公司代爲確定用途之信託基金，以協助小額投資人參加資本市場或貨幣市場之投資。

現行銀行法第一百零一條規定「募集共同信託基金」爲信託投資公司業務項目之一；同法第一百十五條規定：信託投資公司募集共同信託基金，應先擬具發行計畫，報經中央主管機關核准。前項共同信託基金管理辦法，由中央主管機關定之。（本法第一百二十九條規定，未先擬具發行計畫經財政部核准而募集共同信託基金者，處新臺幣十五萬元以上一百八十萬元以下罰鍰）。

詮釋（一）：設立信託基金爲信託投資公司經營信託業務重要方式之一。此項共同信託基金可由託信投資公司以公開發售信託憑證方式募集，所得款項匯集成爲共同信託基金，由公司代爲確定用途而投資於資本市場或貨幣市場，所得利益（扣除公司手續費後）由信託憑證持有人分享。此項共同信託基金之設立，在利用信託投資公司之專業人才及經驗，選擇適當之投資對象，以協助小額投資者減少投資之風險。爲保障信託憑證持有人之利益，本法對於此項共同信託基金之募集，採取頗爲愼重之態度：一方面規定信託投資公司募集此類基金之前，應先擬具發行計畫，報經財政部核准後始可辦理（違反者須受處罰）；另一方面規定，共同信託基金管理辦法由財政部定之，以期納入周密之管理。

詮釋（二）：六十四年銀行法所定之信託投資公司業務範圍，曾將「擔任證券投資之信託人」及「經營證券投資信託事業」兩項列入。七十四年銀行法爲配合證券投資信託事業專業化之需要，並避免信託投資公司兼營證券投資信託事業滋生利益衝突之流弊，爰將上述兩項由信託投資公司之業務中予以刪除。另爲信託投資公司募集共同信託基金之需要而在其業務項目中增列「募集共同信託基金」一項。

六十四年銀行法對於「證券投資信託」之設立程序，曾有具體之規

定。財政部七十年五月頒訂之「信託投資公司管理規則」對於證券投資信託資金之運用亦設有專章而詳予規定。（七十二年「規則」已將專章刪除）。七十四年銀行法實施後，有關「證券投資信託」之各項規定，均已失去適用對象而歸於無效。關於共同信託基金之管理辦法則尚待財政部之訂定；在其頒布之前，信託投資公司對於此項業務之推動尚難開展。

第八目　內部交易之限制

信託投資公司負責為信託人經理及運用信託資金與經營信託財產。在其交易行為中，信託公司應努力維護信託人之利益；而不應允許公司本身及內部人員與信託人之利益發生衝突，以致對信託人之利益構成損害。為保護信託人之利益，防止流弊及減少糾紛起見，本法對於可能引起利益衝突之內部交易，訂有限制之規定。茲分三點說明如下：

壹、禁止進行之交易　本法第一百零八條第一項規定：**信託公司不得為左列行為：**

（一）承受信託財產之所有權。

（二）於信託財產上設定或取得任何權益。

（三）以自己之財產或權益讓售與信託人。

（四）從事於其他與前三項有關的交易。

（五）就信託財產或運用信託資金與公司之董事、職員或與公司經營之信託資金有利益關係之第三人為任何交易（本法第一百二十八條規定，信託投資公司之董事或職員違反一百零八條之規定參與決定者，各處新臺幣十五萬元以上一百八十萬元以下罰鍰）。

詮釋：在上述交易中，信託投資公司與信託人處於不同當事人之地

位，其利益自然發生衝突。承受與讓受財產之價格，以及其他交易條件等，都可能損害信託人之利益。為保護信託人之利益並避免將來發生法律糾紛起見，故本法規定信託投資公司「不得為」這些交易行為。

貳、禁止交易之例外　上述本法第一百零八條第一項列舉禁止交易之行為，係屬原則性之規定。但在同一項中尚包含下述准許例外存在之但書：但因裁判之結果，或經信託人之書面同意，並依市價購讓，或雖未經信託人同意，而係由集中市場公開競價購讓者，不在此限。

詮釋：本法禁止此類交易之目的，係在保護信託人之利益。如其交易係法院裁判之結果，或其交易經過信託人本人之同意，或其購讓價格之決定係屬公平合理，則信託人之利益可謂已經獲得尊重和保障，故本法准許此類交易不受禁止之限制，而得例外的進行。

叁、禁止關係人員參加交易行為之決定　本法一百零八條第二項規定：信託投資公司依前項但書所為之交易，除應依規定報請主管機關核備外，應受左列規定之限制：

（一）公司決定從事交易時，與該項交易所涉及之信託帳戶、信託財產或證券有直接或間接利益關係之董事或職員，不得參與該項交易行為之決定。

（二）信託投資公司為其本身或受投資人委託辦理證券承銷、證券買賣交易或直接投資業務時，其董事或職員如同時為有關證券發行公司之董事、職員或與該項證券有直接、間接利害關係者，不得參與該交易行為之決定（本法第一百二十九條規定，未依一百零八條第二項之規定報核者，處新臺幣十五萬元以上一百八十萬元以下罰鍰）。

詮釋：本法禁止進行之內部交易，如符合本條「但書」規定，即可不受禁止限制而成為例外的交易。同時另訂兩種限制，規定與公司交易具有利害關係之董事或職員等，不得參與該項交易行為之決定；其目的

在使此類交易行為之決定，完全基於業務上之需要，不受利益關係者之影響，藉以維護公司整體之利益。

第九目　信託人權益之保障

為保障信託人之權益，本法訂有多種條文。其中部分規定已見前文：例如規定信託投資公司應繳存「信託資金準備」，以為賠償信託人遭受損失及應付流動能力不足之準備；規定由公司確定用途之信託資金，公司應提列保本之「特別準備金」，以為對信託人賠償本金損失之用；規定公司不得與信託人間從事雙方利益有關之交易，以防止因此類交易導致信託人蒙受損失。此外，本法對於公司應盡之責任與義務，以及在處理營業及會計事務所應遵守之原則亦均有若干具體之規定；這些規定大都具有直接或間接保障信託人權益之作用。茲為分述及詮釋如次：

壹、公司對於信託資金及信託資產應盡善良管理人之注意　本法一百零五條規定：**信託投資公司受託經理信託資金及信託財產，應盡善良管理人之注意。**

詮釋：信託投資公司獲得信託人之信賴，根據信託契約之規定，以受有報酬之方式，為信託人經理信託資金或信託財產，自然「應以善良管理人之注意為之」（引自民法第五三五條）。在原則上，公司負有親自處理信託事務之責任；如有不得已事由而委託第三者代為處理時，公司仍負同一責任。如公司未能提供善良管理人之注意，依民法規定應負損害賠償之責任。

貳、公司負責人員對於信託人所受損害負有連帶賠償之責任　本法第一百零七條規定：**信託投資公司違反法令或信託契約，或因其他可歸**

責於公司之事由，致信託人受有損害者，其應負責之董事及主管人員應與公司連帶負損害賠償之責。　前項連帶責任，自各該應負責之董事或主管人員卸職登記之日起二年間，未經訴訟上之請求而消滅。

詮釋：本法本條所提及之事項（違反法令或信託契約等），乃係信託投資公司之過失及越權之行為，亦即未能履行善良管理人之義務；故對信託人所受之損害，不但公司負有賠償責任，就是公司負責之董事及主管人員也負有連帶賠償之責任。不過公司負責人員所負連帶賠償責任，在時效方面受有限制：如信託人在負責人員卸職後兩年內未在訴訟中行使，其責任即歸消滅而不復存在。

叁、公司應由具有專門學識與經驗之人員經營與管理　本法第一百零六條規定：信託投資公司之經營與管理，應由具有專門學識與經驗之財務人員為之；並應由合格之法律、會計及各種業務所需之技術人員協助辦理。

詮釋（一）：本條規定應以專門人才經營信託投資公司，符合股份有限公司所有權應與管理權分開之原則，直接頗有助於公司組織之健全，間接足以加強對信託人權益之保障。

詮釋（二）：本法對於商業銀行、儲蓄銀行及各專業銀行等並未規定其經營管理須由財務人員為之及由技術人員協助辦理，顯示本法對於信託投資公司人員之選任及配置特別加以重視。蓋信託投資公司一方面辦理信託業務，另一方面又辦理銀行及投資業務，必須羅致多方面之專門人才，對於多角化而複雜化之業務始能予以勝任愉快的處理。

肆、公司對於信託資金之臨時營運應遵守穩健經營之原則　本法第一百零九條規定：信託投資公司在未依信託契約營運前，或依約營運收回後尚未繼續營運前，其各信託戶之資金，應以存放商業銀行或專業銀行為限（本法第一百三十條規定，違反一百零九條之規定運用資金者，

處新臺幣九萬元以上一百二十萬元以下罰鍰）。

　　詮釋（一）：本條係規定信託投資公司應將其過渡期間之閒置信託資金臨時運用於最安全及最具流動性之途徑，以期防止暫時移作他用，而使將來無法依約開始或繼續營運。其直接目的在維護信託資金正常及合理之運用，間接目的亦在保障信託人之權益。

　　詮釋（二）：六十四年銀行法原規定此項信託資金之臨時營運，除應存於銀行外，尚可投資於公債、國庫券、公司債券、金融債券及上市股票。七十四年銀行法認為未依約營運前之信託資金在性質上屬於現金，基於穩健經營之原則，故將運用途徑修正為「以存於商業銀行或專業銀行為限」，而不再准許投資於上述各種有價證券。故其限制較六十四年銀行法更為嚴格。

　　伍、公司應將自有財產與信託財產分別記帳而不得流用　本法第一百十一條規定：信託投資公司應就每一信託戶及每種信託資金設立專帳；並應將公司自有財產與受託財產，分別記帳，不得流用。　信託投資公司不得為信託資金借入款項（本法第一百三十條規定，違反第一百十一條之規定者，處新臺幣九萬元以上一百二十萬元以下罰鍰）。

　　詮釋（一）：信託投資公司之經營，必須履行所謂「分別管理義務」。例如自有資金應與信託資金劃分，自有財產應與信託財產劃分，由信託人指定用途之信託資金應與由公司確定用途之信託資金劃分，並予以個別營運，不得互相流用而混淆不清。其目的在使信託部門與其他部門之資產各自獨立，俾公司本身之盈虧，不致影響信託客戶之權益而由信託人指定用途之信託資金與由公司確定用途之信託資金等之營運結果亦不致相互發生影響，藉以保障不同信託人之個別權益。

　　詮釋（二）：本條一方面規定對於信託資金應設立專帳，以期保持完整之會計記錄；另一方面規定自有財產與信託財產應分別記帳不得流

用，目的在於履行「分別管理義務」。至於規定信託投資公司不得爲信託資金借入款項，其目的亦在保障信託人之權益，因信託人並未如此授權也。

　　詮釋（三）：　近年我國若干信託投資公司營運發生困難，其原因之一卽未能遵守「分別管理義務」，而公司流用信託資金爲自有資金所產生之問題尤爲嚴重。

　　陸、公司應對信託財產定期評審　**本法第一百十三條規定：信託投資公司應設立信託財產評審委員會，將各信託帳戶之信託財產每三個月評審一次；並將每一信託帳戶審查結果，報告董事會。**

　　詮釋：　信託投資公司對於信託財產設立評審委員會定期舉行評審，並報告董事會，其目的在經常瞭解信託財產之最近情況，適時採取因應措施，以免因公司經辦人員之大意疏失或循私舞弊，而損害信託人之權益。

　　柒、公司應定期提出會計報告　**本法第一百十四條規定：信託投資公司應依照信託契約之約定及中央主管機關之規定，分別向每一信託人及中央主管機關作定期會計報告（本法第一百三十一條規定，違反一百十四條規定不爲報告者，處新臺幣三萬元以上六十萬元以下罰鍰）。**

　　詮釋：　信託投資公司向信託人及財政部定期提出會計報告，目的在提供信託人及中央主管機關瞭解公司業務情況或作爲查核之參考資料。七十二年五月頒布之「信託投資公司管理規則」第十六條規定，公司除於年度終了提報各種會計報告外，應於每季終了後十五日內，將該季之會計報告，連同其信託財產之評審報告，分別報請財政部及中央銀行查核

　　捌、公司債權人對信託財產不得請求扣押　**本法第一百十二條規定：信託投資公司之債權人對信託財產不得請求扣押或對之行使其他權**

利。

　　詮釋: 信託財產雖列爲公司之財產， 但實際上並非 公司之自有 財產; 本法規定公司債權人不得對之申請扣押或對之行使其他權力， 旨在避免信託財產遭受不當之損害。

第十目　「信託投資公司管理規則」之有關規定

　　政府爲建立中、長期信用體系，促進國內資本形成起見，於民國六十年初擬訂「信託投資公司管理規則」，經過行政院核定後於當年四月二十六日發布，並自同年七月起先後核准七家信託投資公司（國泰、中國、第一、華僑、中聯、亞洲及土地開發等）之設立營業。由於當時銀行法有關信託投資公司（當時銀行法稱之爲「信託公司」）之規定甚爲簡單，故此類公司之經營管理均以財政部所頒之「管理規則」爲準。自當時以迄七十六年二月（最近一次之修正）， 該規則前後共計修正十次。大體而言，均係爲因應信託投資公司之業務及管理需要而爲; 其中兩次則在配合銀行法之修正。七十六年修正之管理規則，基本上係爲配合七十四年銀行法而修正; 迄至今日仍爲有效之管理規則。

　　七十六年二月十九日修正公布之信託投資公司管理規則全文三十一條，分爲總則、信託業務及附則三章。對於現行銀行法言，其中規定具有補充及解釋作用。茲擇其有關信託資金、保證及授信方面之主要規定數條，以供參考。

　　（一）第十九條: 由公司確定用途之信託資金，其營運範圍如左:

　　1.辦理中、長期放款。

　　2.投資公債、公司債券、金融債券及上市股票。

3.投資短期票券。

4.其他經財政部依銀行法規定核定辦理之業務。

由信託人指定用途之信託資金，應由信託人指定營運範圍，載明於信託契約。

（二）第二十條：信託資金之委託期限至少須為一個月期。

（三）第二十一條：信託投資公司收受由公司確定用途之信託資金，其總額不得超過淨值之三十倍。

（四）第二十七條：信託投資公司辦理保證之總額，不得超過公司淨值之十倍。其中無擔保保證之總額，不得超過公司淨值之二倍。

（五）信託投資公司對任一客戶之授信總額不得超過公司淨值百分之二十，其中無擔保授信之總額不得超過公司淨值百分之五……。

第七章　外國銀行

　　本法「外國銀行」章包括第一百十六條至一百二十四條，共計九條。其內容係對外國銀行之定義、設立、業務範圍，以及經營之限制等項，分別加以規定。本章內容自六十四年公布以來，迄未發生變動。最近為適應金融自由化與國際化的需要，七十八年修正銀行法時乃將第一百二十一條之內容予以修正，旨在擴大外國銀行業務範圍（准其辦理儲蓄存款、長期放款與信託業務），以提升國內金融服務水準。同時本法第一百二十三條亦予配合修正。

　　本法所稱之外國銀行，在實際上係稱為外國銀行在臺分行。就六十六年五月言，此類分行僅有十二家。由於我國經濟持續成長，銀行業務日趨拓展，致世界各國著名銀行紛來我國設立分行，就七十四年五月言，其總數已增至三十二家。最近我國准許外國銀行在臺北以外（如高雄）設立分行，故分行家數在七十八年五月已續增至三十七家：計美國十三家（包括高雄分行兩家），法國六家（包括高雄分行一家），英國四家，荷蘭三家（包括高雄分行一家），新加坡三家（包括高雄分行一家），香港二家（包括高雄分行一家），加拿大二家；此外日本、澳國、泰國及菲律賓各一家。

第一目　外國銀行之定義

本法第一百十六條規定，本法稱外國銀行，謂依外國法律組織登記之銀行，經中華民國政府認許，在中華民國境內依公司法及本法登記營業之分行。

詮釋：舊銀行法雖對外國銀行訂有專章，但對外國銀行並未給予定義，六十四年銀行法新增定義條文以彌補其缺點。依照此項定義，所謂外國銀行，乃其總行係依外國法律組織登記之銀行；其分行經我國政府認許及依照我國公司法及銀行法規定辦妥登記手續後而在我國境內營業之銀行。與我國銀行相較，此類銀行在我國境內營業者係外國銀行之分行 (local branches of foreign bank) 而非其總行；故在中央銀行所公布之金融機構分類中稱為「外國銀行在臺分行」。

第二目　外國銀行之設立

外國銀行在中國境內設立分行，其程序在原則上應依本法及公司法之一般規定辦理。但因外國銀行本行已依外國法律辦妥組織登記，其在我國所申請者僅為在我國設立分行，故其設立程序與國內銀行設立銀行之程序略有不同。茲將本法所定兩條有關條文，分別列明及詮釋如次：

壹、關於外國銀行設立之程序　本法第一百十七條規定：外國銀行在中華民國境內設立，應經主管機關之許可，依公司法申請認許及辦理登記，並應依第五十四條申請核發營業執照後始得營業。

貳、關於外國銀行申請許可，本法第一百十九條規定：外國銀行之申請許可，除依公司法第四百三十五條報明並具備各款事項及文件外，並應報明設立地區，檢附本行最近資產負債表、損益表及該國主管機關或我國駐外使領館對其信用之證明書。其得代表或代理申請之人及應附送之說明文件，準用公司法第四百三十四條之規定。

詮釋（一）：向財政部報請許可：外國銀行在我國境內設立分行，首先應獲得主管機關之許可。依照本法規定，新銀行之設立應由發起人提出創設銀行之資料（包括銀行之種類、名稱，及其公司組織之種類、資本總額、營業計畫、總行及分支機構所在地及發起人資料），向財政部申請許可。由於外國銀行之本行已依外國法律辦妥組織登記，其在我國申請設立者又僅係分行，故不必依照本法第五十三條規定申請許可。為適應此種情況，本法第一百十九條乃規定依公司法所定外國公司申請「認許」之程序辦理：(1)關於申請人方面：由外國銀行本行之董事……或其在中國之代理人……提出設立分行之申請；並附送證明其國籍之證件，及其本行之授權證書或委託證件（參考公司法第四百三十四條）。(2)關於應報明事項方面：依公司法第四百三十五條規定，外國公司申請「認許」者，應報明之事項及文件共計十三項（包括公司之名稱、種類及其國籍，所營之事業及在中國境內所營之事業、資本總額、在中國境內營業所用資金之金額、本公司所在地及在中國境內設立分公司所在地，公司章程及其本國登記之副本、在中國營業之業務計畫書……股東會或董事會對於請求認許之議事錄等）。本法規定外國銀行在臺分行向財政部申請設立許可時，除提上述資料及文件外，並應檢附其外國本行之最近資產負債表、損益表及該國主管機關或我國駐外使館對其信用之證明書。

財政部對於外國銀行申請在臺設立分行許可的給予，主要係依據其

所頒布之「外國銀行設立分行及聯絡員辦事處審核要點及業務範圍」的規定辦理。 就六十九年二月行政院核准之修正條文言， 其主要標準包括： (1)申請設立分行之標準： 與我國銀行往來達十年以上者； 申請前三曆年度與我國內銀行及主要企業往來總額達十億美元以上，且申請前一曆年度達五億美元以上， 其中對主要企業中長期授信在申請前三曆年度平均在六千萬美元以上者。(2)申請設立聯絡員辦事處之標準： 與我國銀行往來達五年以上者； 申請前三曆年度與我國內銀行及主要企業往來總額達一億美元以上， 其中對主要企業之中長期授信每曆年度平均在二千萬美元以上者。(3)未達標準之例外核准： 外國銀行申請設立分行或聯絡員辦事處， 未達上述標準而具有下列條件者， 財政部得視實際需要予以核准： 該外國銀行所屬之國家尚無其他銀行在我國設有分行者； 該外國銀行之資產， 在自由世界銀行中列名在一百名以內者； 如我國銀行經該國金融主管機關核准設立分行或聯絡員辦事處者， 基於平等互惠原則而核准其設立分行或聯絡員辦事處。 在實際上， 財政部對於外國銀行申請設立分行或聯絡員辦事處， 基本上審度其地域代表性及我國經濟發展之需要， 而作准否之核定； 每年准予設立之分行以兩家為度。上述〔審核要點及業務範圍〕自民國七十二年起已改為〔外國銀行設立分行及代表人辦事處審核準則〕， 所定各項標準較過去頗有提高。

詮釋 (二)： 向經濟部申請認許及辦理登記： 外國銀行申請在我國境內設立分行， 經過財政部給予許可後， 即可據以向經濟部申請認許及辦理登記。 經濟部對於外國銀行申請在我國設立分行， 與外國公司申請在我國設立分公司， 同樣依照公司法之規定辦理； 惟因銀行之營業須經特許， 故在財政部給予許可後， 始能考慮是否給予認許。(1)申請認許之申請人： 依公司法第四百三十四條規定， 由外國銀行之董事或其在我國之代表人提出申請， 其情形已見前述。(2)申請認許應報明並備具之事項

及文件：依公司法第四百三十五條規定辦理，其情形已見前述。(3)認許之登記：依公司法第四百三十六條規定，外國公司經認許後，在中國境內設立分公司者，應於設立後十五日內，向主管機關申請登記。

　　詮釋（三）：向財政部申請營業執照並開始營業：外國銀行申請在中國境內設立分行，經財政部予以許可，並由經濟部予以認許及辦妥公司登記後，即可依照本法第五十四條規定，檢同有關各件向財政部申請核發營業執照。外國銀行在臺分行領得營業執照後，即可開始營業；並應將財政部所發營業執照所載之事項，於該分行所在地公告之。

第三目　外國銀行之設立地區與營運資金

　　外國銀行在臺分行之設立地區及其在我國境內營運之資金，均應由財政部分別予以指定或規定。茲分述本法有關規定並略加詮釋如次：

　　壹、關於外國銀行之設立地區　本法第一百十八條規定，中央主管機關得按照國際貿易及工業發展之需要，指定外國銀行得設立之地區。

　　詮釋（一）：本條規定財政部指定外國銀行設立地區之際，係以國際貿易及工業發展之需要為標準，而該部對於本國銀行之設立則以「國內經濟、金融情形」（參看本法第二十六條）為考慮之對象。可見在政策上，對於外國銀行之設立特別強調「國際貿易及工業發展」的需要，與決定本國銀行設立地區時之目的在重點上有所不同。

　　詮釋（二）：在過去，財政部僅准外國銀行在臺北市設立分行；最近已開始准許外國銀行在臺分行在高雄市設立分行。

　　貳、關於外國銀行在我國之營運資金　本法第一百二十條規定，外國銀行應專撥其在中華民國境內營業所用之資金，並準用第二十三條及

第二十四條之規定。

詮釋（一）： 本法第二十三條規定，各種銀行之最低資本額，由中央主管機關……分別核定或調整之；第二十四條規定，銀行資本應以國幣計算。

詮釋（二）： 由於外國銀行在臺分行僅係其外國本行之分行，故本法並未要求其需具有獨立之資本；但卻規定其「應專撥其在中華民國境內營業所用之資金」，並將之視爲本法（第二十三條）所定之最低資本額。財政部根據實際需要，最初核定此項營運資金之數額爲五十萬美元（約折合新臺幣二千萬元），六十九年三月核定調整爲一百萬美元（約折合新臺幣四千萬元），七十年三月核定再調整爲二百萬美元（約折合新臺幣八千萬元）。

詮釋（三）： 與本國銀行之最低資本額相較，外國銀行在臺分行所專撥之營運資金似乎非常偏低。但在實際上，外國銀行在臺分行祇有一個營業單位而並無分支機構，同時尚有資本雄厚之外國本行爲其信用之後盾，亦係頗爲明顯之事實。

第四目　外國銀行之業務

外國銀行在臺分行之業務範圍，依本法六十四年之規定，係以本國商業銀行之業務範圍爲準繩。七十八年修正銀行法擴大外商銀行業務之範圍，使其進一步得以經營儲蓄銀行及信託投資公司之業務。顯示我國正在邁向金融自由化與國際化的道路。茲分述本法此一方面之變化如次：

壹、本法有關外商銀行業務之原規定　六十四年銀行法第一百二十

一條規定: **外國銀行得經營之業務，由中央主管機關於第七十一條所定範圍內以命令定之。其涉及外滙業務者，並應經中央銀行之特許。**

　　詮釋: 依照上述規定，外商銀行之業務，係由財政部在商業銀行十三款業務項目中以命令定之；換言之，卽以收受支票存款及提供短期信用爲主。由於業務範圍受到嚴格限制，多年來外國銀行不斷爭取擴大業務範圍。在每年舉行中美經濟會議中尤多爭議。大體而言，最近數年已有相當程度之放寬。

　　貳、七十八年銀行法放寬外商銀行業務範圍之規定　七十八年七月對第一百二十一條修正如下: **外國銀行得經營之業務，由中央主管機關洽商中央銀行後，於第七十一條、第七十八條及第一百零一條第一項所定範圍內以命令定之。其涉及外滙業務者，並應經中央銀行之許可。**

　　詮釋(一): 依照修正後條文之規定，外國銀行得經營之業務，由過去之僅以商業銀行之業務(原爲十三款，現已增爲十四款)爲限，今後可以擴大經營儲蓄銀行(過去爲十五款，現增爲十六款)及信託投資公司(過去爲十四款，現增爲十五款)之業務。換言之，除了繼續辦理短期信用受授之外，今後並可收受儲蓄存款、辦理長期放款及信託業務。

　　詮釋(二): 外國銀行業務範圍之大幅放寬，顯示金融自由化與國際化的進展，足以提高國內金融服務之水準，並擴充國際金融及投資之管道。

第五目　外國銀行業務經營之限制

　　像對他類銀行加以限制一樣，本法對於外國銀行在臺分行之業務經營亦訂有若干限制。諸如: 財政部對於外國銀行分行設立地區之指定，

對外國銀行業務範圍之核定，對外國銀行專撥營業資金之規定，都可以算作廣義的限制。至於本法明文規定予以限制者，則有下列各項：

壹、收付款項之限制 本法第一百二十二條規定：**外國銀行收付款項，除經中央銀行許可收受外國貨幣存款者外，以中華民國之國幣為限。**

詮釋：我國各銀行收付款項均以國幣為限，外國銀行在臺分行亦不例外。至於經中央銀行許可而收受之外國貨幣存款（如原幣存款及外匯存款），本國銀行及外國銀行均可用外幣收付。

貳、準用他類銀行所適用之限制 本法第一百二十三條規定：**本章未規定者，準用商業銀行章、儲蓄銀行章第七十九條、八十四條及信託投資公司章之規定。**

詮釋：本條原條文規定，本章未規定者適用商業銀行章之規定；七十八年銀行法修正後之條文，則將準用範圍擴大至儲蓄銀行章之第七十九條、八十四條及信託投資公司章。很顯然的，本條之修正係配合第一百二十一條之修正而來。大體而言，其準用事項大都屬於經營限制之性質（如第七十九條係規定定期儲蓄存款到期前不得提取，第八十四條係規定住宅建築及企業建築之放款總額之限制）。

叁、購置營業用不動產之限制 本法第一百二十四條規定：**外國銀行購置其業務所需用之不動產，依公司法第三百七十六條之規定。**

詮釋：公司法第三百七十六條規定：「外國公司經認許後，得依法購置因其業務所需用之地產，但須先申請地方主管機關轉呈中央主管機關核准，並應以其本國法律准許中國公司享受同樣權利者為條件」。

第八章 罰 則

　　本法「罰則」章包括第一百二十五條至一百三十六條，共計十二條。舊銀行法有關罰則之規定，散見於相關條文之中，缺乏集中完整與相互貫通之作用。六十四年銀行法修正時，爲避免重複，改採集中方式而有獨立一章之增列。其中除對部分舊條文略加修正而保留外，並增加新條文七條，而使本法罰則規定更趨充實。其內容係按違法情節及影響輕重，對違法行爲分別給予刑事制裁（如有期徒刑、拘役或罰金）或行政制裁（如罰鍰）；大體而言，多數違法行爲均係採取處以罰鍰之方式，只有少數情節重大而影響深遠者始適用刑事制裁之方式。

　　現行銀行法自六十四年公布迄今（七十八年七月），本章內容先後經過三次修正。各次修正之要點如下：

　　一、六十六年十二月二十九日之修正　此次修正計有兩項：（一）本法第一百三十二條原規定，違反本法……之規定者，經限期糾正而仍不遵行者，卽處罰鍰；此次修正刪除「經限期糾正而仍不遵行者」十一字，顯示不必經過糾正過程卽可逕行裁處罰鍰。（二）本法第一百三十六條原規定，銀行經處罰後，於限制內仍不改正者，得對其同一事實或行爲再予加倍處罰；此次修正將「再予加倍處罰」修正爲「再予加一倍至五倍處罰」，以期加強處罰之效果。

　　二、七十四年五月二十日之修正　此次修正計分三方面：（一）罰金及罰鍰之金額，分別大幅提高。（二）銀行負責人不當授信之加重處罰：違反本法第三十二條或三十三條規定而爲放款者，原規定處以罰鍰；此次修正改爲處以有期徒刑或併科罰金。（三）改定罰鍰之處罰對象：本法第一百三十三條原規定，罰鍰之受罰人爲銀行之負責人；此次修正規定罰鍰之處罰對象爲銀行之本身。

　　三、七十八年七月十七日之修正　計有下述各點：（一）罰金及罰鍰改按新臺幣計算，並再度提高各項處罰之金額。前者可以符合實際情況，並減少不必要之折合及誤解；後者則在加強執行及懲儆效果。（二）加重違法經營銀行業務者之刑責：原法第一百二十九條第一項對於非銀行違法經營銀行業務者，「處五年以下有期徒刑……」，修正爲「處一年以上七年以下有期徒刑……」，以收加強處罰之效果。（三）增列違反財政部因應經營危機所採處置之處罰：原法並無處罰規定，七十八年增列第一百二十七條之二，規定對違法銀行行爲負責人「處三年以下有期徒刑、拘役或科或併科新臺幣一百八十萬元以下罰金」，以杜塞原法之漏洞。（四）增列違法兼職者之處罰：原法第三十五條之一雖規定銀行負責人及職員不得兼任其他銀行職務，但對違法者並無處罰之規定。七十八年修正本法，增列第一百二十七條之三，規定違法兼職者，「處新臺幣十五萬元以上一百八十萬元以下罰鍰」，使其處罰獲得法律依據。

第一目　刑事制裁

　　就本章所定罰則之內容觀察，可知本法對於違法行爲之處罰，分爲

刑事制裁與行政制裁。本目先述刑事制裁，次目再述行政制裁。

本章所定罰則涉及之刑罰，計爲有期徒刑、拘役及罰金三種；前二者爲剝奪犯人身體自由之「自由刑」，後者爲剝奪犯人財產權益之「財產刑」。由於涉及人身自由及財產權益，故此類刑罰之適用，須經法院判決之程序。就本法規定言，法院可根據違法情況輕重而對此三類刑罰作彈性之運用：不但在有期徒刑與拘役之間可作選擇，同時在自由刑與財產刑之間亦可選科，甚至在併科與不併科之間亦有選擇之餘地。

本章適用刑事制裁之違法行爲，共計涉及五條條文。其違法事實或則擾亂金融秩序，或則危害社會公益；因其涉及背信、詐欺及侵占等罪行，本法爲保障人民權益及伸張公權力，對於此類情節嚴重而影響深遠之違法行爲，分別予以適當之刑事處罰。茲分別加以列舉及詮釋如次：

壹、對非法經營銀行業務者之處罰　本法第一百二十五條規定：違反第二十九條第一項之規定者，處一年以上七年以下有期徒刑、得併科新臺幣三百萬元以下罰金。法人犯前項之罪者，處罰其行爲負責人。

詮釋（一）：本法第二十九條第一項規定「除法律另有規定外，非銀行不得經營收受存款、受託經理信託資金、公眾財產或辦理國內外匯兌業務」；亦即禁止非銀行經營銀行業務。

詮釋（二）：非銀行而經營銀行業務者過去爲「地下錢莊」，今日則爲所謂地下投資公司；後者非法吸收資金之行爲，以及不當運用資金，甚或侵占入己，多已觸犯刑法之詐欺罪、侵占罪；論其惡性較常業詐欺罪或業務侵占罪更爲重大。爲貫徹取締地下投資公司之立法目的，於七十八年修正條文中提高其處罰（將原定「處五年以下有期徒刑」提高爲「處一年以上七年以下有期徒刑」，並將併科罰金之金額大幅提高）。

詮釋（三）：本條之處罰對象爲自然人；法人犯此罪者，處罰其行

爲負責人。

貳、對違反「反面承諾」者之處罰　本法第一百二十六條規定：股份有限公司違反其依第三十條所爲之承諾者，其參與決定此項違反承諾行爲之董事及行爲人，處三年以下有期徒刑、拘役或科或併科新臺幣一百八十萬元以下罰金。

詮釋（一）：本法第三十條規定，股份有限公司如經董事會決議，向銀行出具書面承諾以一定財產提供擔保，及不再以該項財產提供他人設定質權或抵押權者，則銀行得對其授信免辦或緩辦不動產或動產抵押權登記或質物之移轉占有。其目的在於簡化銀行擔保手續，增加股份有限公司取得融資之便利。若借款公司違反此項承諾而將其財產再押予其他債權人時，卽屬破壞此項「反面承諾制度」，而使銀行蒙受不應蒙受之損失。因此本法對於參與決定違反承諾行爲之董事及行爲人等，處以適當之刑罰。八十一年銀行法修正後，反面承諾已被取消作爲擔保授信擔保者之資格；上述罰則之適用，機會將大爲減少。

詮釋（二）：對於此項犯罪者，如以罰金方式處罰，六十四年規定最高可科以五千元罰金，七十四年規定最高科以十五萬元罰金，七十八年再提高爲新臺幣三百萬元以下。

叁、對向顧客收取不當利益者之處罰　本法第一百二十七條規定：違反第三十五條規定者，處三年以下有期徒刑、拘役或科或併科新臺幣一百八十萬元以下罰金。但其他法律有較重之處罰規定者，依其規定。

詮釋（一）：本法第三十五條規定，「銀行負責人及職員不得以任何名義，向存戶、借款人或其他顧客收受佣金、酬金或其他不當利益」。對於違反此項規定者，舊銀行法原規定對銀行各負責人得科一年以下有期徒刑、拘役或三千元以下罰金。六十四年銀行法爲加重處罰，改爲處三年以下有期徒刑、拘役或科或併科五千元以下罰金；並規定其他法律

有較重之處罰規定者，依各該法律之規定。

詮釋（二）：七十四年修正銀行法進一步將罰金最高金額提高爲十五萬元，七十八年再提高爲新臺幣一百八十萬元。

肆、銀行對本行負責人等不當放款之處罰　本法第一百二十七條之一規定：銀行違反第三十二條、第三十三條或第三十三條之二規定者，其行爲負責人，處三年以下有期徒刑、拘役或科或併科新臺幣一百八十萬元以下罰金。

詮釋（一）：本法第三十二條規定，禁止銀行對其關係企業及內部人等爲無擔保之授信；第三十三條規定，銀行對其關係企業及內部人員等爲擔保授信時，應有十足擔保，且其條件不得優於其他同類客戶；第三十三條之二規定，銀行不得與往來銀行進行對關係人員等交互辦理規避前述二條規定之授信。銀行如忽視上述三條規定而進行不當之授信，卽係應受處罰之不當授信。

詮釋（二）：六十四年銀行法對於上述不當放款之違法行爲，處以五千元以上一萬元以下罰鍰；七十四年銀行法加重處罰，對其行爲人處以三年以下有期徒刑、拘役或科或併科十五萬元以下罰金；七十八年銀行法再提高爲新臺幣一百八十萬元以下罰金。

伍、銀行違反財政部應付其經營危機所爲處置之處罰　本法第一百二十七條之二規定：違反中央主管機關依第六十二條第一項規定所爲之處置，足以生損害於公衆或他人者，其行爲負責人，處一年以下有期徒刑、拘役或科或併科新臺幣六十萬元以下罰金。

銀行董事、監察人、經理人或其他職員於中央主管機關派員監管或接管時，有左列情形之一者，處一年以下有期徒刑、拘役或科或併科新臺幣六十萬元以下罰金：

一、拒絕移交。

二、隱匿或毀損有關銀行業務或財務狀之帳冊文件。

三、隱匿或毀損銀行財產或爲其他不利於債權人之處分。

四、無故對監管人或接管人詢問不爲答覆。

五、捏造債務或承認不眞實之債務。

　　詮釋（一）：本條第一項係七十八年修正本法時所新增。其內容係規定，財政部對於發生經營危機之銀行，依法（六十二條第一項）得對該銀行採取適當之處置（包括勒令停業並限期清理、停止其一部業務、派員接管、或爲其他必要之處置，並得洽請有關機關限制其負責人出境）；如銀行予以違反，則其行爲負責人應受自由刑（一年以下有期徒刑或拘役）或財產刑（或科或併科新臺幣六十萬元以下罰金）之處罰。

　　詮釋（二）：本條第二項係八十一年修正本法時所新增。其中規定銀行重要人員（董事、監察人、經理人等）如對監管或接管人員採取不合作或敵視行爲（如拒絕移交，隱匿或毀損資料及財產，或答覆詢問或捏造債務等），卽依本條本項之規定處以第一項所定之自由刑或財產刑。

第二目　　行政制裁

　　本章所定罰則涉及行政制裁之處罰，僅有罰鍰一種方式（本法規定長期滯納罰鍰者，財政部得勒令該銀行停業；受罰銀行屢犯同一過失而情節重大者，財政部得責令撤換負責人或撤銷許可；就廣義解釋，此兩項措施亦可視爲行政制裁之措施）。罰鍰數額之多寡，係按違法情節之輕重而異。罰鍰與罰金表面相似而實質不同：罰金爲刑事制裁之一種，須經法院判決始可確定；罰鍰爲行政制裁之一種，係由主管機關依職權裁決之。

　　關於違反本法規定而處以罰鍰者，本章計有五條規定。茲依罰鍰數

額多寡爲序，分別列舉及加以必要之詮釋：

　　壹、本法第一百二十七條之三規定　銀行負責人或職員違反第三十五條之一規定兼職者，處新臺幣十五萬元以上一百八十萬元以下罰鍰。其兼職係經銀行指派者，受罰人爲銀行。

　　詮釋（一）：本法第三十五條之一規定，銀行負責人及職員不得兼任其他銀行任何職務。但因投資關係，並經中央主管機關核准者，得兼任被投資銀行之董事或監察人。

　　詮釋（二）：由於上述條文並無處罰之後續規定，故對違反兼職者缺乏處罰之依據。七十八年修正銀行法時乃增列本條，藉以加強其推行效果。

　　貳、本法第一百二十八條規定　銀行董事或監察人違反第六十四條第一項規定怠於申報，或信託投資公司之董事或職員違反第一百零八條之規定參與決定者，各處新臺幣十五萬元以上一百八十萬元以下罰鍰。

　　詮釋（一）：本法第六十四條第一項規定，銀行虧損逾資本三分之一者，其董事或監察人應即申報中央主管機關；本法第一百零八條規定，信託投資公司對於內部交易有利害關係之董事或職員，不得參與該項交易行爲之決定。違反以上兩項規定，應按本條規定處以罰鍰。

　　詮釋（二）：六十四年銀行法規定之罰鍰金額爲「五千元以上一萬元以下」，七十四年銀行法提高爲「一萬元以上十五萬元以下」；七十八年再提高爲新臺幣十五萬元以上一百八十萬元以下。

　　詮釋（三）：七十四年銀行法將罰鍰之對象一律改爲銀行或信託投資公司；惟本條爲適應實際需要，仍保留對違法之個人處罰之原則。

　　叁、本法第一百二十九條規定：有下列情事之一者，處新臺幣十五萬元以上一百八十萬元以下罰鍰（六十四年銀行法原規定罰鍰金額爲五千元以上一萬元以下，七十四年提高爲一萬元以上十五萬元以下）：

（一）**違反第二十一條、第二十二條或第五十七條之規定者**（第二十一條規定銀行及其分支機構未完成法定設立程序不得營業；第二十二條規定，銀行不得經營未經中央主管機關核定之業務；第五十七條規定，銀行設置、遷移、或裁撤分支機構，應經中央主管機關之核准）。

（二）**違反第二十五條規定發行股票或持有超過規定標準股份者**（第二十五條規定銀行股票爲記名式，同一人持股票不得超總股數百分之五）。

（三）**違反第二十八條之規定，對資本、營業及會計不爲劃分者**（第二十八條規定，商業銀行及專業銀行得附設儲蓄部及信託部，但各該部之資本、營業及會計必須獨立）。

（四）**違反中央主管機關依第三十三條之三或第三十六條規定所爲之限制者**（第三十三條之一規定，限制銀行對同一人之授信額度；第三十六條規定，中央主管機關得對無擔保授信予以適當之限制）。

（五）**違反中央主管機關依第四十三條之規定，所爲之通知未於限期內調整者**（第四十三條規定，銀行流動資產與各項負債之比率未達最低標準者，中央主管機關應通知限期調整之）。

（六）**違反中央主管機關依第四十四條第一項規定所爲之限制者**（第四十四條第一項規定，銀行主要負債與淨值之比率高於規定標準，中央主管機關得限制其分配盈餘）。

（七）**未依第一百零八條第二項規定報核者**（第一百零八條規定，信託投資公司依但書所爲之內部交易，應依規定報請主管機關核備）。

（八）**違反第一百十條第四項之規定，未提特別準備金者**（第一百十條第四項規定，信託投資公司每年在信託財產收益項下依核定標準提撥特別準備金）。

（九）**違反第一百十五條第一項規定募集共同信託基金者**（第一百

十五條第一項規定，信託投資公司募集共同信託基金，應先擬具發行計畫，報經中央主管機關核准）。

肆、本法第一百三十條規定：**有下列情形之一者，處新臺幣九萬元以上一百二十萬元以下罰鍰**（六十四年原規定罰鍰金額爲三千元以上五千元以下，七十四年提高爲六千元以上十萬元以下）：

（一）違反中央銀行依第四十條所爲之規定而放款者（第四十條規定，中央銀行得就銀行對住宅或企業建築及耐久消費品等之中長期放款規定其付現條件及信用期限）。

（二）違反第七十二條、第八十二條或中央主管機關依第九十九條第三項所爲之規定而爲放款者（第七十二條規定，商業銀行中期放款之總餘額，不得超過其所收定期存款總額；第八十二條規定，儲蓄銀行短期放款及票據貼現之總餘額不得超過所收活期存款及定期存款總餘額；第九十九條第三項規定，國民銀行每戶放款總額之限制，由中央主管機關定之）。

（三）違反第七十五條或第八十三條之規定而爲投資者（第七十五條規定，商業銀行對自用不動產之投資不得超過其投資時之淨值，投資營業倉庫不得超過投資時存款總餘額百分之五；第八十三條規定，儲蓄銀行投資股票之總額不得超過投資時所收存款總餘額及金融債券發售額之和之百分之十，投資於每一公司股票之金額，不得超過該公司資本總額百分之五）。

（四）違反第一百零九條之規定運用資金者（第一百零九條規定，信託投資公司在未依信託契約營運前，或依約營運收回後尚未繼續營運前，其各信託戶之資金，應以存放商業銀行或專業銀行爲限）。

（五）違反第一百十一條之規定者（第一百十一條規定，信託投資公司應就每一信託戶及每種信託資金設立專帳；並應將公司自有財產與

受託財產分別記帳，不得流用。信託投資公司不得爲信託資金借入款項）。

伍、本法第一百三十一條規定：有下列情事之一者，處新臺幣三萬元以上六十萬元以下罰鍰（六十四年銀行法原規定罰鍰金額爲一千元以上三千元以下，七十四年提高爲二千元以上五萬元以下）：

（一）違反第三十四條之規定吸收存款者（本法第三十四條規定，銀行不得於規定利息外，以津貼、贈與或其他給與方法吸收存款，但對於信託資金依約定發給紅利者，不在此限）。

（二）違反第四十五條、第四十九條或一百十四條之規定，不申報營業書表或不爲公告或報告者（本法第四十五條規定，中央主管機關得令銀行於限期內造具資產負債表、財產目錄或其他報告函核；四十九條規定，銀行年度末應將各種財務報表於股東會承認後十五日內，報請財政部及中央銀行備查，並將資產負債表於所在地之日報公告之；一百十四條規定，信託投資公司應向每一信託人及中央主管機關作定期會計報告）。

第三目　有關罰則之補充規定

以上兩目所述，乃係本法第一百二十五條至一百三十一條之內容；主要係對違反本法之行爲，按其處罰之性質（刑事制裁與行政制裁）及處罰之標準等依序列舉並作必要之詮釋。至於本法有關罰則之其他條文（第一百三十二條至一百三十六條），則爲補充性之條文；其作用在對若干具有共同性質之事項，提供一般性及概括性之規定，俾利本法有關罰則規定之實施。茲將此類補充性規定分別敍述及詮釋如次：

壹、未明定處罰金額之共同適用標準　本法第一百三十二條規定：違反本法或中央主管機關或中央銀行依本法所爲之規定者，除本法另有規定外，處新臺幣三萬元以上六十萬元以下罰鍰。

　　詮釋（一）：本條係補充性之規定。對於違反本法規定而應處以罰鍰之行爲，本法已在第一百二十八條至一百三十一條之條文中，明白列示其罰鍰之標準。在事實上，本法尚有許多規定，以及財政部或中央銀行依據本法所爲之規定，一經違反亦應分別處以罰鍰。爲免逐一列舉之煩及罣一漏萬之弊，本條乃規定一項概括性罰鍰標準，凡未列明處罰金額之違法行爲，一律處以三萬元以上六十萬元以下罰鍰。

　　詮釋（二）：六十四年銀行法規定此項罰鍰金額爲一千元以上三千元以下；七十四年銀行法將之提高爲二千元以上五萬元以下；七十八年再提高如本條之規定）。

貳、罰鍰之處罰對象　本法第一百三十三條規定：第一百二十九條至第一百三十二條所定罰鍰之受罰人爲銀行或其分行。銀行或其分行經依前項受罰後，對應負責之人有求償權。

　　詮釋（一）：六十四年銀行法規定罰鍰之受罰人爲應負責之個人（在銀行分行爲分行負責人，在銀行本行爲各部負責人；其能證明係依上級指示辦理者，以總經理或董事長爲受罰人），而非銀行。在實際執行上，對於民營銀行並無多大不便（表面上由銀行負責人繳納罰鍰，實際上則由銀行負擔），對於公營銀行則造成不易克服的困擾，並引起受罰人究爲違法時之負責人或處罰時之負責人的爭議。

　　詮釋（二）：行政罰之受罰人應爲行爲之主體，而第一百二十九條至一百三十二條所定違法行爲之主體爲銀行；七十四年修正銀行法明定銀行爲法人（卽可爲行爲之主體），故同時將本條所定罰鍰之受罰人修正爲「銀行或分行」，而改變過去受罰人爲應負責之個人的規定。

詮釋（三）： 七十四年銀行法對本條增列第二項，明定銀行或分行經處罰後，對應負責之人有求償權，以收懲儆之效果。

叁、罰鍰之裁決及救濟程序　本法第一百三十四條規定: 本法所定罰鍰，由主管機關依職權裁決之。受罰人不服者，得依訴願及行政訴訟程序， 請求救濟。 在訴願及行政訴訟期間， 得命提供適額保證， 停止執行。

詮釋（一）： 本條規定罰鍰係由主管機關依職權裁決之，顯示罰鍰係行政處罰之特質。

詮釋（二）： 違反本法規定而受處罰時，其屬於刑事制裁部分（如被處有期徒刑、拘役或罰金等），可以透過司法程序而獲得救濟。至於行政制裁部分， 則可以依照訴願及行政訴訟程序而同樣獲得救濟之機會。

肆、罰鍰滯納之處理程序　本法第一百三十五條規定: 罰鍰經限期繳納而逾期不繳者，自逾期之日起，每日加收滯納金百分之一; 逾三十日仍不繳納者，移送法院強制執行，並得由中央主管機關勒令該銀行或分行停業。

詮釋: 關於罰鍰滯納之加收滯納金之規定， 大體上仿自稅法之規定; 對於逾期一月以上仍不繳納者，除移送法院強制執行外，並得由財政部勒令銀行停業，其辦法非常澈底而有效，故實際上很少發生長期滯納罰鍰的現象。

伍、對於屢違本法之加重處罰　本法第一百三十六條規定: 銀行經依本章規定處罰後，於規定限期內仍不予改正者，得對其同一事實或行為再予加一倍至五倍處罰。其屢違而情節重大者，得責令限期撤換負責人或撤銷其許可。

詮釋: 本法對於違法行為之制裁，採取「累犯重罰」之原則。對於受罰後未於限期內改正者，可以加重至五倍之處罰; 對於情節重大之累

犯者得由財政部令飭銀行撤換其負責人，或竟撤銷原頒許可而使銀行走向停業之命運。

第九章　附　　則

　　本法「附則」章包括第一百三十七條至第一百四十條，共計四條。
本章內容係六十四年銀行法就舊銀行法原有規定酌加修正而來。其主旨
係對當時辦理銀行業務之機構，就其設立、種類、任務及業務等項與銀
行法之規定不相符合者，分別訂定配合本法進行補救及調整之原則。茲
爲分述及詮釋如次：

　　**壹、關於補辦設立程序方面　本法第一百三十七條規定：本法施行
前，未經申請許可領取營業執照之銀行，或其他經營存放款業務之類似
銀行機構，均應於中央主管機構之指定限期內，依本法規定，補行辦理
設立程序。**

　　詮釋（一）：本法所謂「未經申請許可領取營業執照之銀行」，係
指臺灣銀行、臺北市銀行、臺灣土地銀行及臺灣省合作金庫等四家銀
行。這四家銀行在組織上並非股份有限公司，因而不具法人身份，其
作爲權利義務主體之能力引起法律上之爭執。故在六十四年銀行法通過
後，常常受到民意代表之質詢。財政部爲解決此項問題，曾多次督促四
家銀行依照本條規定補行辦理設立程序，改組爲股份有限公司。但因牽
涉實際問題甚多，進展並不順利；惟其中臺北市銀行已依照本法規定，
補辦設立程序，自七十三年七月起改組爲股份有限公司，取得法人資格

而突破其組織上的困難。但七十四年銀行法已明定銀行爲法人，而不問其是否爲股份有限公司；故其餘臺灣銀行等三家銀行今後是否仍應照本法一百三十七條規定補辦設立程序，似乎不再有其必要。

詮釋（二）：本法所謂「其他經營存放款業務之類似銀行機構」，係指合會儲蓄公司。由於合會儲蓄公司均係具有法人資格之股份有限公司，故改組工作易於進行。其中臺灣合會儲蓄公司已於六十五年七月首先改組爲臺灣中小企業銀行；其他七家地區性合會儲蓄公司亦先後改組爲各地區中小企業銀行。故這些類似銀行機構已經正式納入合法銀行體系之內。

貳、關於銀行種類及任務之調整方面　本法第一百三十八條規定，現有銀行或類似銀行機構之種類及其任務與本法規定不相符合者，中央主管機關應依本法有關規定，指定期限命其調整。

詮釋：本法施行後，民營銀行除少數外較易依照本法規定調整其業務及任務。公營銀行多係依照特殊立法或專案核准設立，大都負有特殊任務而經營特殊業務，一時甚難澈底調整。本法第二十條第二項原規定「銀行之種類或其專業，應在其名稱中表示之」，但因若干公營銀行無法符合此項規定，乃將銀行法予以修正而規定政府設立之銀行除外，可爲不易澈底調整之證明。

叁、關於本法規定之適用方面　本法第一百三十九條規定：依其他法律設立之銀行或其他金融機構，除各該法律另有規定者外，適用本法之規定。

前項其他金融機構之管理辦法，由行政院定之。

詮釋：銀行法爲規範銀行業之基本法律，依本法設立之銀行自爲本法適用之當然對象。至於依其他法律設立之「銀行」與「其他金融機構」，則在適用程度及範圍方面有其層次的差異。在八十一年修正之前，本法本條

第一項規定，依其他法律設立之銀行（例如交通銀行及中國輸出入銀行等），除各該法律另有規定者外，適用本法之規定；本條第二項規定，依其他法律設立之其他金融機構（如信用合作社及農會信用部等，僅銀行業務部分適用本法規，而其財務、組織等項則因缺乏適用本法之明文規定而滋生困擾。

八十一年修正之銀行法，刪除本條第二項，而在第一項中明白規定，依其他法律設立之「銀行及其他金融機構」，除各該法律另有規定外，一律適用本法之規定。大體而言，現行法規定已使本法適用範圍單純化而減少若干不必要之困擾。

肆、關於施行細則之訂立方面　本法第一百三十九條之一規定：本法施行細則，由中央主管機關定之。

詮釋：本條係八十一年修正銀行法所增列。本法有若干修文（如第五條之二，第二十三條，第三十三條之二，第三十三條之三，第三十六條及第四十五條等）均有另加補充之需要，故參考其他立法之例，授權中央主管機關訂立施行細則。

伍、關於施行日期方法　本法第一百四十條規定：本法自公布日施行。

詮釋：依照「中央法規標準法」之規定，法律應自公布之日起算至第三日起發生效力。例如七十四年五月二十日總統公布之銀行法修正條文應自五月二十二日起生效；又如七十八年本法修正之條文，係由立法院於七月十一日通過，經總統於同月十七日公布，應自同月十九日生效。

附錄 銀 行 法

中華民國二十年三月二十八日國民政府制定公布全文五十一條

中華民國三十六年九月一日國民政府修正公布全文一百十九條

中華民國三十九年六月十六日總統修正公布第十五條、第十七條、第二十五條、
　　　　第二十七條、第三十四條至第三十六條、第三十八條、第四十三條、
　　　　第五十五條、第六十四條、第七十七條、第八十條、第八十七條、第
　　　　九十條、第九十五條、第一百零六條、第一百一十四條條文

中華民國五十七年十一月十一日總統修正公布第五十二條、第五十四條、第六十
　　　　一條、第六十二條、第六十八條、第七十五條、第一百零一條及第一
　　　　百零八條條文

中華民國六十四年七月四日總統修正公布全文一百四十條

中華民國六十六年十二月二十九日總統修正公布第九條、第二十條、第七十九
　　　　條、第一百零三條、第一百三十二條及第一百三十六條，並增訂第三
　　　　十五條之一條文

中華民國六十七年七月十九日總統修正公布第三條條文

中華民國六十八年十二月五日總統修正公布第三十五條之一條文

中華民國六十九年十二月五日總統修正公布第八十四條條文

中華民國七十年七月十七日總統修正公布第二十九條條文

中華民國七十四年五月二十日總統修正公布第六條至第九條、第十五條、第三十
　　　　二條、第三十三條、第五十二條、第六十二條、第七十一條、第七十
　　　　八條、第七十九條、第一百零一條至第一百零三條、第一百零九條、
　　　　第一百十五條、第一百二十五條至第一百三十三條及第一百三十九
　　　　條；並增訂第三十三條之一及第一百二十七條之一條文

中華民國七十八年七月十七日總統修正公布第一條、第三條、第四條、第二十五
　　　　條、第二十九條、第三十三條之一、第四十一條、第四十四條、第四
　　　　十八條、第五十條、第五十二條、第六十二條、第七十一條、第七十
　　　　六條、第七十八條、第七十九條、第一百零一條、第一百二十一條、

第一百二十三條、第一百二十五條至一百三十二條；並增訂第五條之
一、第二十九條之一、第三十五條之二、第一百二十七條之二及第一
百二十七條之三條文。

中華民國八十一年十月三十日總統修正公布第十二條、第十三條、第三十二條、
第三十三條、第三十六條、第四十五條、第五十七條、第八十三條、
第一百二十七條之一、第一百二十七條之二、第一百二十九條、第一
百三十九條；並增訂第五條之二、第三十三條之二、第三十三條之
三、第四十七條之一、第一百三十九條之一條文。

八十四年六月二十九日總統令修正公布第三、三十八條條文。

八十六年五月七日總統令修正公布第四二、一四〇條條文

第一章　通　　則

第　一　條　爲健全銀行業務經營，保障存款人權益，適應產業發展，
並使銀行信用配合國家金融政策，特制定本法。

第　二　條　本法稱銀行，謂依本法組織登記，經營銀行業務之機構。

第　三　條　銀行經營之業務如左：

一、收受支票存款。

二、收受其他各種存款。

三、受託經理信託資金。

四、發行金融債券。

五、辦理放款。

六、辦理票據貼現。

七、投資有價證券。

八、直接投資生產事業。

九、投資住宅建築及企業建築　。

十、辦理國內外匯兌。

十一、辦理商業匯票承兌。

十二、簽發信用狀。

十三、辦理國內外保證業務。

十四、代理收付款項。

十五、承銷及自營買賣或代客買賣有價證券。

十六、辦理債券發行之經理及顧問事項。

十七、擔任股票及債券發行簽證人。

十八、受託經理各種財產。

十九、辦理證券投資信託有關業務。

二十、買賣金塊、銀塊、金幣、銀幣及外國貨幣。

二十一、辦理與前列各款業務有關之倉庫、保管及代理服務業務。

二十二、經中央主管機關核准辦理之其他有關業務。

第　四　條　各銀行得經營之業務項目，由中央主管機關按其類別，就本法所定之範圍內分別核定，並於營業執照上載明之。但其有關外匯業務之經營，須經中央銀行之許可。

第　五　條　銀行依本法辦理授信，其期限在一年以內者，為短期信用；超過一年而在七年以內者，為中期信用；超過七年者，為長期信用。

第五條之一　本法稱收受存款，謂向不特定多數人收受款項或吸收資金，並約定返還本金或給付相當或高於本金之行為。

第五條之二　本法稱授信，指銀行辦理放款、透支、貼現、保證、承兌及其他經中央主管機關指定之業務項目。

第　六　條　本法稱支票存款，謂依約定憑存款人簽發支票，或利用自動化設備委託支付隨時提取不計利息之存款。

第　七　條　本法稱活期存款，謂存款人憑存摺或依約定方式，隨時提

取之存款。

第 八 條 本法稱定期存款，謂有一定時期之限制，存款人憑存單或依約定方式提取之存款。

第 九 條 本法稱儲蓄存款，謂個人或非營利法人，以積蓄資金爲目的之活期或定期存款。

第 十 條 本法稱信託資金，謂銀行以受託人地位，收受信託款項，依照信託契約約定之條件，爲信託人指定之受益人之利益而經營之資金。

第 十 一 條 本法稱金融債券，謂銀行依照本法有關規定，爲供給中期或長期信用，報經中央主管機關核准發行之債券。

第 十 二 條 本法稱擔保授信，謂對銀行之授信，提供左列之一爲擔保者:

一、不動產或動產抵押權。

二、動產或權利質權。

三、借款人營業交易所發生之應收票據。

四、各級政府公庫主管機關、銀行或經政府核准設立之信用保證機關之保證。

第 十 三 條 本法稱無擔保授信，謂無前條各款擔保之授信。

第 十 四 條 本法稱中、長期分期償還放款，謂銀行依據借款人償債能力，經借貸雙方協議，於放款契約內訂明分期還本付息辦法及借款人應遵守之其他有關條件之放款。

第 十 五 條 本法稱商業票據，謂依國內外商品交易或勞務提供而產生之匯票或本票。

前項匯票以出售商品或提供勞務之相對人爲付款人而經其承兌者，謂商業承兌匯票。

前項相對人委託銀行爲付款人而經其承兌者，謂銀行承兌匯票。出售商品或提供勞務之人，依交易憑證於交易價款內簽發匯票，委託銀行爲付款人而經其承兌者，亦同。

銀行對遠期匯票或本票，以折扣方式預收利息而購入者，謂貼現。

第 十 六 條　本法稱信用狀，謂銀行受客戶之委任，通知並授權指定受益人，在其履行約定條件後，得依照一定款式，開發一定金額以內之匯票或其他憑證，由該行或指定之代理銀行負責承兌或付款之文書。

第 十 七 條　本法稱存款準備金，謂銀行按其每日存款餘額，依照中央銀行核定之比率，存於中央銀行之存款及本行庫內之現金。

第 十 八 條　本法稱銀行負責人，謂依公司法或其他法律或組織章程所定應負責之人。

第 十 九 條　本法稱主管機關：在中央爲財政部；在省（市）爲省（市）政府財政廳（局）。

第 二 十 條　本法所稱銀行，分左列四種：

一、商業銀行。

二、儲蓄銀行。

三、專業銀行。

四、信託投資公司。

銀行之種類或其專業，除政府設立者外，應在其名稱中表示之。

第二十一條　銀行及其分支機構，非經完成第二章所定之設立程序，不得開始營業。

第二十二條　銀行不得經營未經中央主管機關核定經營之業務。

第二十三條　各種銀行資本之最低額，由中央主管機關將全國劃分區域，審酌各區域人口、經濟發展情形，及銀行之種類，分別核定或調整之。

銀行資本未達前項調整後之最低額者，中央主管機關應指定期限，命其辦理增資；逾期未完成增資者，應撤銷其許可。

第二十四條　銀行資本應以國幣計算。

第二十五條　銀行股票應為記名式。

非經中央主管機關之許可，同一人持有同一銀行之股份，不得超過其已發行股份總數百分之五。同一關係人持有之股份總數不得超過百分之十五。

前項所稱同一人指同一自然人或同一法人；同一關係人之範圍，包括本人、配偶、二親等以內之血親，及以本人或配偶為負責人之企業。

本法修正施行前同一人或同一關係人持有股份超過第二項之標準者，中央主管機關限期命其調整。

第二十六條　中央主管機關得視國內經濟、金融情形，於一定區域內限制銀行或其分支機構之增設。

第二十七條　銀行在國外設立分支機構，應由中央主管機關洽商中央銀行後核准辦理。

第二十八條　商業銀行及專業銀行得附設儲蓄部及信託部。但各該部資本、營業及會計必須獨立，並依第二十三條、第二章及第四章或第六章之規定辦理。

第二十九條　除法律另有規定者外，非銀行不得經營收受存款、受託經理信託資金、公眾財產或辦理國內外匯兌業務。

　　　　　　違反前項規定者，由主管機關或目的事業主管機關會同司
　　　　　法警察機關取締，並移送法辦；如屬法人組織，其負責人
　　　　　對有關債務，應負連帶清償責任。

　　　　　　執行前項任務時，得依法搜索扣押被取締者之會計帳簿及
　　　　　文件，並得拆除其標誌等設施或為其他必要之處置。

第二十九條之一　以借款、收受投資，使加入為股東或其他名義，向多
　　　　　　　　數人或不特定之人收受款項或吸收資金，而約定或給
　　　　　　　　付與本金顯不相當之紅利、利息、股息或其他報酬
　　　　　　　　者，以收受存款論。

第　三　十　條　銀行辦理放款、開發信用狀或提供保證，其借款人、委任
　　　　　　　　人或被保證人為股份有限公司之企業，如經董事會決議，
　　　　　　　　向銀行出具書面承諾，以一定財產提供擔保，及不再以該
　　　　　　　　項財產提供其他債權人設定質權或抵押權者，得免辦或緩
　　　　　　　　辦不動產或動產抵押權登記或質物之移轉占有。但銀行認
　　　　　　　　為有必要時，債務人仍應於銀行指定之期限內補辦之。

　　　　　　　　借款人、委任人或被保證人違反前項承諾者，其參與決定
　　　　　　　　此項違反承諾行為之董事及行為人應負連帶賠償責任。

第三十一條　銀行開發信用狀或擔任商業匯票之承兌，其與客戶間之權
　　　　　　　　利、義務關係，以契約定之。

　　　　　　　　銀行辦理前項業務、如需由客戶提供擔保者，其擔保依第
　　　　　　　　十二條所列各款之規定。

第三十二條　銀行不得對其持有實收資本總額百分之三以上之企業，或
　　　　　　　　本行負責人、職員、或主要股東，或對與本行負責人或辦
　　　　　　　　理授信之職員有利害關係者，為無擔保授信。但消費者貸
　　　　　　　　款及對政府貸款不在此限。

前限消費者貸款額度，由中央主管機關定之。

本法所稱主要股東係指持有銀行已發行股份總數百分之一以上者；主要股東爲自然人時，本人之配偶與其未成年子女之持股應計入本人之持股。

第三十三條 銀行對其持有實收資本總額百分之五以上之企業，或本行負責人、職員或主要股東，或對與本行負責人或辦理授信之職員有利害關係者爲擔保授信，應有十足擔保，其條件不得優於其他授信對象，如授信達中央主管機關規定金額以上者，並應經三分之二以上董事之出席及出席董事四分之三以上同意。

前項授信限額、授信總餘額、授信條件及同類授信對象，由中央主管機關洽商中央銀行定之。

第三十三條之一 前二條所稱有利害關係者，謂有左列情形之一而言：

一、銀行負責人或辦理授信之職員之配偶，三親等以內之血親或二親等以內之姻親。

二、銀行負責人、辦理授信之職員或前款有利害關係者獨資、合夥經營之事業。

三、銀行負責人、辦理授信之職員或第一款有利害關係者單獨或合計持有超過公司已發行股份總數或資本總額百分之十之企業。

四、銀行負責人、辦理授信之職員或第一款有利害關係者爲董事、監察人或經理人之企業。但其董事、監察人或經理人係因投資關係，經中央主管機關核准而兼任者，不在此限。

五、銀行負責人、辦理授信之職員或第一款有利害關係者

為代表人、管理人之法人或其他團體。

第三十三條之二　銀行不得交互對其往來銀行負責人、主要股東，或對該負責人為負責人之企業為無擔保授信，其為擔保授信應依第三十三條規定辦理。

第三十三條之三　中央主管機關對於銀行就同一人或同一關係人之授信或其他交易得予限制，其限額由中央主管機關定之。

前項所稱同一人及同一關係人之範圍，適用第二十五條第三項規定。

第三十四條　銀行不得於規定利息外，以津貼、贈與或其他給與方法吸收存款。但對於信託資金依約定發給紅利者，不在此限。

第三十五條　銀行負責人及職員不得以任何名義，向存戶、借款人或其他顧客收受佣金、酬金或其他不當利益。

第三十五條之一　銀行之負責人及職員不得兼任其他銀行任何職務。但因投資關係，並經中央主管機關核准者，得兼任被投資銀行之董事或監察人。

第三十五條之二　銀行負責人應具備之資格條件，由中央主管機關定之。

第三十六條　中央主管機關於必要時，經洽商中央銀行後，得對銀行無擔保之放款或保證，予以適當之限制。

中央主管機關於必要時，經洽商中央銀行後，得就銀行主要資產與主要負債之比率、主要負債與淨值之比率，規定其標準。凡實際比率未符規定標準之銀行，中央主管機關除依規定處罰外，並得限制其分配盈餘。

前項所稱主要資產及主要負債，由中央主管機關斟酌各類銀行之業務性質規定之。

第三十七條 借款人所提質物或抵押物之放款值，由銀行根據其時值、折舊率及銷售性，覈實決定。

中央銀行因調節信用，於必要時得選擇若干種類之質物或抵押物，規定其最高放款率。

第三十八條 銀行對購買或建造住宅或企業用建築，得辦理中、長期放款，其最長期限不得超過三十年。但對於無自用住宅者購買自用住宅之放款，不在此限。

第三十九條 銀行對個人購置耐久消費品得辦理中期放款；或對買受人所簽發經承銷商背書之本票，辦理貼現。

第 四 十 條 前二條放款，均得適用中、長期分期償還放款方式；必要時，中央銀行得就其付現條件及信用期限，予以規定並管理之。

第四十一條 銀行利率應以年率爲準，並於營業場所揭示。

第四十二條 銀行各種存款及其他各種負債，應依中央銀行所定比率提準備金。

前項其他各種負債之範圍，由中央銀行洽商財政部定之。

第四十三條 爲促使銀行對其資產保持適當之流動性，中央銀行經洽商中央主管機關後，得隨時就銀行流動資產與各項負債之比率，規定其最低標準。未達最低標準者，中央主管機關應通知限期調整之。

第四十四條　為健全銀行財務基礎，非經中央主管機關之核准，銀行自
　　　　　　有資本與風險性資產之比率，不得低於百分之八。凡實際
　　　　　　比率低於規定標準之銀行，中央主管機關得限制其分配盈
　　　　　　餘；其辦法由中央主管機關定之。

　　　　　　前項所稱自有資本與風險性資產，其範圍及計算方法由中
　　　　　　央主管機關定之。

第四十五條　中央主管機關得隨時派員，或委託適當機構，或令地方主
　　　　　　管機關派員，檢查銀行或其關係人之業務、財務及其他有
　　　　　　關事項，或令銀行或其他關係人於限期內據實提報財務報
　　　　　　告、財產目錄或其他有關資料及報告。

　　　　　　中央主管機關於必要時，得指定專門職業及技術人員，就
　　　　　　前項規定應行檢查事項、報表或資料予以查核，並向中央
　　　　　　主管機關據實提出報告，其費用由銀行負擔。

第四十六條　為保障存款人之利益，得由政府或銀行設立存款保險之組
　　　　　　織。

第四十七條　銀行為相互調劑準備，並提高貨幣信用之效能，得訂定章
　　　　　　程，成立同業間之借貸組織。

第四十七條之一　經營貨幣市場業務或信用卡業務之機構，應經中央主
　　　　　　管機關之許可；其管理辦法，由中央主管機關洽商中央銀
　　　　　　行定之。

第四十八條　銀行非依法院之裁判或其他法律之規定，不得接受第三人
　　　　　　有關停止給付存款或匯款、扣留擔保物或保管物或其他類
　　　　　　似之請求。

　　　　　　銀行對於顧客之存款、放款或匯款等有關資料，除其他法

律或中央主管機關另有規定者外，應保守秘密。

第四十九條　銀行每屆營業年度終了，應將營業報告書、資產負債表、財產目錄、損益表、盈餘分配之決議，於股東會承認後十五日內，分別報請中央主管機關及中央銀行備查，並將資產負債表於其所在地之日報公告之。

第 五 十 條　銀行於完納一切稅捐後分配盈餘時，應先提百分之三十爲法定盈餘公積；法定盈餘公積未達資本總額前，其最高現金盈餘分配，不得超過資本總額百分之十五。

法定盈餘公積已達其資本總額時，得不受前項規定之限制。

除法定盈餘公積外，銀行得於章程規定或經股東會決議，另提特別盈餘公積。

第五十一條　銀行之營業時間及休假日，得由中央主管機關規定，並公告之。

第二章　銀行之設立、變更、停業、解散

第五十二條　銀行爲法人，其組織除法律另有規定或本法修正施行前經專案核准者外，以股份有限公司爲限。

依本法或其他法律設立之銀行或金融機構，其設立標準，由中央主管機關定之。

第五十三條　設立銀行者，應載明左列各款，報請中央主管機關許可：

一、銀行之種類、名稱及其公司組織之種類。

二、資本總額。

三、營業計畫。

四、本行及分支機構所在地。

五、發起人姓名、籍貫、住居所、履歷及認股金額。

第五十四條　銀行經許可設立者，應依公司法規定設立公司；於收足資
本全額並辦妥公司登記後，再檢同左列各件，申請中央主
管機關核發營業執照：

一、公司登記證件。

二、中央銀行驗資證明書。

三、銀行章程。

四、股東名冊及股東會會議紀錄。

五、董事名冊及董事會會議紀錄。

六、常務董事名冊及常務董事會會議紀錄。

七、監察人名冊及監察人會議紀錄。

銀行非公司組織者，得於許可設立後，準用前項規定，逕
行申請核發營業執照。

第五十五條　銀行開始營業時，應將中央主管機關所發營業執照記載之
事項，於本行及分支機構所在地公告之。

第五十六條　中央主管機關核發營業執照後，如發現原申請事項有虛偽
情事，其情節重大者，應卽撤銷其許可。

第五十七條　銀行增設分支機構時，應開具分支機構營業計畫及所在地，
申請中央主管機關許可，並核發營業執照。遷移或裁撤時，
亦應申請中央主管機關核准。

銀行設置、遷移或裁撤非營業用辦公場所或營業場所外自
動化服務設備，應事先申請，於申請後經過一定時間，且
未經中央主管機關禁止者，卽可逕行設置、遷移或裁撤。
但不得於申請後之等候時間內，進行其所申請之事項。

前二項之管理辦法，由中央主管機關定之。

第五十八條 銀行之合併或對於依第五十三條第一款、第二款或第四款所申報之事項擬予變更者，應經中央主管機關許可，並辦理公司變更登記及申請換發營業執照。

前項合併或變更，應於換發營業執照後十五日內，在本行及分支機構所在地公告之。

第五十九條 銀行違反前條第一項之規定者，中央主管機關應勒令停業，限期補正。

第 六 十 條 申請銀行營業執照時，應繳納執照費；其金額由中央主管機關定之。

第六十一條 銀行經股東會決議解散者，應申敘理由，附具股東會紀錄及清償債務計畫，申請主管機關核准後進行清算。

主管機關依前項規定核准解散時，應卽撤銷其許可。

第六十二條 銀行因業務或財務狀況顯著惡化，不能支付其債務或有損及存款人利益之虞時，中央主管機關得勒令停業並限期清理、停止其一部業務、派員監管或接管、或為其他必要之處置，並得洽請有關機關限制其負責人出境。

中央主管機關於派員監管或接管時，得停止其股東會、董事或監察人全部或部分職權。

前二項監管或接管辦法由中央主管機關定之。

第一項勒令停業之銀行，如於清理期限內，已回復支付能力者，得申請中央主管機關核准復業。逾期未經核准復業者，應撤銷其許可，並自停業時起視為解散，原有清理程序視為清算。

前四項規定，對於依其他法律設立之銀行或金融機構適用

之。

第六十三條　銀行清算及清理，除本法另有規定外，準用股份有限公司有關普通清算之規定。但有公司法第三百三十五條所定之原因，或因前條第二項之情事而爲清算時，應依特別清算程序辦理。

前項清理之監督，由主管機關爲之；主管機關爲監督清理之進行，得派員監理。

第六十四條　銀行虧損逾資本三分之一者，其董事或監察人應卽申報中央主管機關。

中央主管機關對具有前項情形之銀行，得限期命其補足資本；逾期未經補足資本者，應勒令停業。

第六十五條　銀行經勒令停業，並限期命其就有關事項補正；逾期不爲補正者，應由中央主管機關撤銷其許可。

第六十六條　銀行經中央主管機關撤銷許可者，應卽解散，進行清算。

第六十七條　銀行經核准解散或撤銷許可者，應限期繳銷執照；逾期不繳銷者，由中央主管機關公告註銷之。

第六十八條　法院爲監督銀行之特別清算，應徵詢主管機關之意見；必要時得請主管機關推薦清算人，或派員協助清算人執行職務。

第六十九條　銀行進行清算後，非經清償全部債務，不得以任何名義，退還股本或分配股利。銀行清算時，關於信託資金及信託財產之處理，依信託契約之約定。

第三章　商業銀行

第 七 十 條　本法稱商業銀行，謂以收受支票存款，供給短期信用爲主
　　　　　　　要任務之銀行。

第七十一條　商業銀行經營左列業務:

　　　　　一、收受支票存款。

　　　　　二、收受活期存款。

　　　　　三、收受定期存款。

　　　　　四、辦理短期及中期放款。

　　　　　五、辦理票據貼現。

　　　　　六、投資公債、短期票券、公司債券及金融債券。

　　　　　七、辦理國內外匯兌。

　　　　　八、辦理商業匯票之承兌。

　　　　　九、簽發國內外信用狀。

　　　　　十、辦理國內外保證業務。

　　　　十一、代理收付款項。

　　　　十二、代銷公債、國庫券、公司債券及公司股票。

　　　　十三、辦理與前列各款業務有關之倉庫、保管及代理服務業
　　　　　　　務。

　　　　十四、經中央主管機關核准辦理之其他有關業務。

第七十二條　商業銀行辦理中期放款之總餘額，不得超過其所收定期存
　　　　　　　款總餘額。

第七十三條　商業銀行得就證券之發行與買賣，對有關證券商或證券金
　　　　　　　融公司予以資金融通。

　　　　　　　前項資金之融通，其管理辦法由中央銀行定之。

第七十四條　商業銀行不得投資於其他企業及非自用之不動產。但爲配
　　　　　　　合政府經濟發展計畫，經中央主管機關核准者，不在此

限。

第七十五條　商業銀行對自用不動產之投資，除營業用倉庫外，不得超
　　　　　　過其於投資該項不動產時之淨值；投資營業用倉庫，不得
　　　　　　超過其投資於該項倉庫時存款總餘額百分之五。

第七十六條　商業銀行因行使抵押權或質權而取得之不動產或股票，除
　　　　　　符合第七十四條或第七十五條規定者外，應自取得之日起
　　　　　　二年內處分之。

第四章　　儲蓄銀行

第七十七條　本法稱儲蓄銀行，謂以收受存款及發行金融債券方式吸收
　　　　　　國民儲蓄，供給中期及長期信用為主要任務之銀行。

第七十八條　儲蓄銀行經營左列業務：

　　　　　　一、收受儲蓄存款。

　　　　　　二、收受定期存款。

　　　　　　三、收受活期存款。

　　　　　　四、發行金融債券。

　　　　　　五、辦理企業生產設備中期放款、長期放款，及中、長期
　　　　　　　　分期償還放款。

　　　　　　六、辦理企業建築、住宅建築中期放款，及中、長期分期
　　　　　　　　償還放款。

　　　　　　七、投資公債、短期票券、公司債券及公司股票。

　　　　　　八、辦理票據貼現。

　　　　　　九、辦理商業匯票承兌。

十、辦理國內匯兌。

十一、保證發行公司債券。

十二、代理收付款項。

十三、承銷公債、國庫券、公司債券及公司股票。

十四、辦理經中央主管機關核准之國內外保證業務。

十五、辦理與前列各款業務有關之倉庫及其他保管業務。

十六、經中央主管機關核准辦理之其他有關業務。

第七十九條 定期儲蓄存款到期前不得提取。但存款人得以之質借或於七日以前通知銀行中途解約。

前項質借及中途解約辦法，由中央主管機關洽商中央銀行定之。

第 八 十 條 儲蓄銀行發行金融債券，得以折價或溢價方式發售，其開始還本期限，不得低於兩年。

儲蓄銀行債券之最高發行額，以發行銀行淨值之二十倍為限；其發行辦法，由中央主管機關洽商中央銀行定之。

第八十一條 商業銀行及專業銀行附設之儲蓄部，不得發行金融債券。

第八十二條 儲蓄銀行得辦理短期放款。但其短期放款及票據貼現之總餘額，不得超過所收活期存款及定期存款總餘額。

第八十三條 **儲蓄**銀行投資有價證券，應予適當之限制；其投資種類及限額，由中央主管機關定之。

第八十四條 儲蓄銀行辦理住宅建築及企業建築放款之總額，不得超過放款時所收存款總餘額及金融債券發售額之和之百分之二十。但為鼓勵儲蓄協助購置自用住宅，經中央主管機關核准辦理之購屋儲蓄放款，不在此限。

中央主管機關必要時，得規定銀行辦理購屋儲蓄放款之最

高額度。

第八十五條　銀行附設儲蓄部者，該部對本行其他部分款項之往來視同
　　　　　他銀行；銀行受破產之宣告時，該部之負債得就該部之資
　　　　　產優先受償。

第八十六條　第七十五條之規定，於儲蓄銀行準用之。

第五章　專業銀行

第八十七條　爲便利專業信用之供給，中央主管機關得許可設立專業銀
　　　　　行，或指定現有銀行，擔任該項信用之供給。

第八十八條　前條所稱專業信用，分爲左列各類：
　　　　　一、工業信用。
　　　　　二、農業信用　。
　　　　　三、輸出入信用。
　　　　　四、中小企業信用。
　　　　　五、不動產信用。
　　　　　六、地方性信用。

第八十九條　專業銀行得經營之業務項目，由中央主管機關根據其主要
　　　　　任務，　並參酌經濟發展之需要，　就第三條所定範圍規定
　　　　　之。

第 九 十 條　專業銀行以供給中期及長期信用爲主要任務者，得準用第
　　　　　八十條之規定，發行金融債券。
　　　　　專業銀行依前項規定發行金融債券募得之資金，應全部用
　　　　　於其專業之投資及中、長期放款。

第九十一條　供給工業信用之專業銀行爲工業銀行。

工業銀行以供給工、礦、交通及其他公用事業所需中、長期信用爲主要任務。

工業銀行經中央主管機關之核准，得經營第七十三條第一項之業務

第九十二條　供給農業信用之專業銀行爲農業銀行。

農業銀行以調劑農村金融，及供應農、林、漁、牧之生產及有關事業所需信用爲主要任務。

第九十三條　爲加強農業信用調節功能，農業銀行得透過農會組織吸收農村資金，供應農業信用及辦理有關農民家計金融業務。

第九十四條　供給輸出入信用之專業銀行爲輸出入銀行。

輸出入銀行以供給中、長期信用，協助拓展外銷及輸入國內工業所必需之設備與原料爲主要任務。

第九十五條　輸出入銀行爲便利國內工業所需重要原料之供應，經中央主管機關核准，得提供業者向國外進行生產重要原料投資所需信用。

第九十六條　供給中小企業信用之專業銀行爲中小企業銀行。

中小企業銀行以供給中小企業中、長期信用，協助其改善生產設備及財務結構，暨健全經營管理爲主要任務。

中小企業之範圍，由中央經濟主管機關擬訂，報請行政院核定之。

第九十七條　供給不動產信用之專業銀行爲不動產信用銀行。

不動產信用銀行以供給土地開發、都市改良、社區發展、道路建設、觀光設施及房屋建築等所需中、長期信用爲主要任務。

第九十八條　供給地方性信用之專業銀行爲國民銀行。

　　　　　　國民銀行以供給地區發展及當地國民所需短、中期信用爲主要任務。

第九十九條　國民銀行應分區經營，在同一地區內以設立一家爲原則。

　　　　　　國民銀行對每一客戶之放款總額，不得超過一定之金額。

　　　　　　國民銀行設立區域之劃分，與每戶放款總額之限制，由中央主管機關定之。

第六章　信託投資公司

第 一 百 條　本法稱信託投資公司，謂以受託人之地位，按照特定目的，收受、經理及運用信託資金與經營信託財產，或以投資中間人之地位，從事與資本市場有關特定目的投資之金融機構。

　　　　　　信託投資公司之經營管理，依本法之規定；本法未規定者，適用其他有關法律之規定；其管理規則，由中央主管機關定之。

第一百零一條　信託投資公司經營左列業務：

　　　　　　一、辦理中、長期放款。

　　　　　　二、投資公債、短期票券、公司債券、金融債券及上市股票。

　　　　　　三、保證發行公司債券。

　　　　　　四、辦理國內外保證業務。

　　　　　　五、承銷及自營買賣或代客買賣有價證券。

六、收受、經理及運用各種信託資金。

七、募集共同信託基金。

八、受託經管各種財產。

九、擔任債券發行受託人。

十、擔任債券或股票發行簽證人。

十一、代理證券發行、登記、過戶及股息紅利之發放事項。

十二、受託執行遺囑及管理遺產。

十三、擔任公司重整監督人。

十四、提供證券發行、募集之顧問服務，及辦理與前列各款業務有關之代理服務事項。

十五、經中央主管機關核准辦理之其他有關業務。

經中央主管機關核准，得以非信託資金辦理對生產事業直接投資或投資住宅建築及企業建築。

第一百零二條　信託投資公司經營證券承銷商或證券自營商業務時，至少應指撥相當於其上年度淨值百分之十專款經營，該項專款在未動用時，得以現金貯存，存放於其他金融機構或購買政府債券。

第一百零三條　信託投資公司應以現金或中央銀行認可之有價證券繳存中央銀行，作為信託資金準備。其準備與各種信託資金契約總值之比率，由中央銀行在百分之十五至二十之範圍內定之。但其繳存總額最低不得少於實收資本總額百分之二十。

前項信託資金準備，在公司開業時期，暫以該公司實收資本總額百分之二十為準，俟公司經營一年後，再照前

項標準於每月月底調整之。

第一百零四條　信託投資公司收受、經理或運用各種信託資金及經營信託財產，應與信託人訂立信託契約，載明左列事項：

一、資金營運之方式及範圍。

二、財產管理之方法。

三、收益之分配。

四、信託投資公司之責任。

五、會計報告之送達。

六、各項費用收付之標準及其計算之方法。

七、其他有關協議事項。

第一百零五條　信託投資公司受託經理信託資金或信託財產，應盡善良管理人之注意。

第一百零六條　信託投資公司之經營與管理，應由具有專門學識與經驗之財務人員為之；並應由合格之法律、會計及各種業務上所需之技術人員協助辦理。

第一百零七條　信託投資公司違反法令或信託契約，或因其他可歸責於公司之事由，致信託人受有損害者，其應負責之董事及主管人員應與公司連帶負損害賠償之責。

前項連帶責任，自各該應負責之董事或主管人員卸職登記之日起二年間，未經訴訟上之請求而消滅。

第一百零八條　信託投資公司不得為左列行為。但因裁判之結果，或經信託人書面同意，並依市價讓購，或雖未經信託人同意，而係由集中市場公開競價讓購者，不在此限：

一、承受信託財產之所有權。

二、於信託財產上設定或取得任何權益。

三、以自己之財產或權益讓售與信託人。

四、從事於其他與前三項有關的交易。

五、就信託財產或運用信託資金與公司之董事、職員或
與公司經營之信託資金有利益關係之第三人爲任何
交易。

信託投資公司依前項但書所爲之交易，除應依規定報請
主管機關核備外，應受左列規定之限制：

一、公司決定從事交易時，與該項交易所涉及之信託帳
戶、信託財產或證券有直接或間接利益關係之董事
或職員，不得參與該項交易行爲之決定。

二、信託投資公司爲其本身或受投資人之委託辦理證券
承銷、證券買賣交易或直接投資業務時，其董事或
職員如同時爲有關證券發行公司之董事、職員或與
該項證券有直接間接利害關係者，不得參與該交易
行爲之決定。

第一百零九條　信託投資公司在未依信託契約營運前，或依約營運收回
後尚未繼續營運前，其各信託戶之資金，應以存放商業
銀行或專業銀行爲限。

第一百十條　信託投資公司得經營左列信託資金：

一、由信託人指定用途之信託資金。

二、由公司確定用途之信託資金。

信託投資公司對由公司確定用途之信託資金，得以信託
契約約定，由公司負責，賠償其本金損失。

信託投資公司對應賠償之本金損失，應於每會計年度終
了時確實評審，依信託契約之約定，由公司以特別準備

金撥付之。

前項特別準備金，由公司每年在信託財產收益項下依主管機關核定之標準提撥。信託投資公司經依規定十足撥補本金損失後，如有剩餘，作爲公司之收益；如有不敷，應由公司以自有資金補足。

第一百十一條　信託投資公司應就每一信託戶及每種信託資金設立專帳；並應將公司自有財產與受託財產，分別記帳，不得流用。信託投資公司不得爲信託資金借入款項。

第一百十二條　信託投資公司之債權人對信託財產不得請求扣押或對之行使其他權利。

第一百十三條　信託投資公司應設立信託財產評審委員會，將各信託戶之信託財產每三個月評審一次；並將每一信託帳戶審查結果，報告董事會。

第一百十四條　信託投資公司應依照信託契約之約定及中央主管機關之規定，分別向每一信託人及中央主管機關作定期會計報告。

第一百十五條　信託投資公司募集共同信託基金，應先擬具發行計畫，報經中央主管機關核准。前項共同信託基金管理辦法，由中央主管機關定之。

第七章　　外國銀行

第一百十六條　本法稱外國銀行，謂依照外國法律組織登記之銀行，經中華民國政府認許，在中華民國境內依公司法及本法登

記營業之分行。

第一百十七條　外國銀行在中華民國境內設立，應經中央主管機關之許可，依公司法申請認許及辦理登記，並應依第五十四條申請核發營業執照後始得營業。

第一百十八條　中央主管機關得按照國際貿易及工業發展之需要，指定外國銀行得設立之地區。

第一百十九條　外國銀行之申請許可，除依公司法第四百三十五條報明並具備各款事項及文件外，並應報明設立地區，檢附本行最近資產負債表、損益表及該國主管機關或我國駐外使領館對其信用之證明書。其得代表或代理申請之人及應附送之說明文件，準用公司法第四百三十四條之規定。

第一百二十條　外國銀行應專撥其在中華民國境內營業所用之資金，並準用第二十三條及第二十四條之規定。

第一百二十一條　外國銀行得經營之業務，由中央主管機關於洽商中央銀行後於第七十一條、第七十八條及第一百零一條第一項所定範圍內以命令定之。其涉及外匯業務者，並應經中央銀行之許可。

第一百二十二條　外國銀行收付款項，除經中央銀行許可收受外國貨幣存款者外，以中華民國國幣為限。

第一百二十三條　本章未規定者，準用商業銀行章、儲蓄銀行章第七十九條、第八十四條及信託投資公司章之規定。

第一百二十四條　外國銀行購置其業務所需用之不動產，依公司法第三百七十六條之規定。

第八章　罰　　則

第一百二十五條　違反第二十九條第一項之規定者，處一年以上七年以下有期徒刑、得併科新臺幣三百萬元以下罰金。

法人犯前項之罪者，處罰其行爲負責人 。

第一百二十六條　股份有限公司違反其依第三十條所爲之承諾者，其參與決定此項違反承諾行爲之董事及行爲人，處三年以下有期徒刑、拘役或科或併科新臺幣一百八十萬元以下罰金。

第一百二十七條　違反第三十五條之規定者，處三年以下有期徒刑、拘役或科或併科新臺幣一百八十萬元以下罰金。但其他法律有較重之處罰規定者，依其規定。

第一百二十七條之一　銀行違反第三十二條、第三十三條或第三十三條之二規定者，其行爲負責人，處三年以下有期徒刑、拘役或科或併科新臺幣一百八十萬元以下罰金。

第一百二十七條之二　違反中央主管機關依第六十二條第一項規定所爲之處置，足以生損害於公衆或他人者，其行爲負責人處一年以下有期徒刑、拘役或科或併科新臺幣六十萬元以下罰金。

銀行董事、監察人、經理人或其他職員於中央主管機關派員監管或接管時，有左列情形之一者，處一年以下有期徒刑、拘役或科或併科新臺幣六十萬元以下罰金：

一、拒絕移交。

二、隱匿或毀損有關銀行業務或財務狀況之帳冊文件。

三、隱匿或毀棄銀行財產或為其他不利於債權人之處分。

四、無故對監管人或接管人詢問不為答復。

五、捏造債務或承認不眞實之債務。

第一百二十七條之三　銀行負責人或職員違反第三十五條之一規定兼職者，處新臺幣十五萬元以上一百八十萬元以下罰鍰。其兼職係經銀行指派者，受罰人為銀行。

第一百二十八條　銀行董事或監察人違反第六十四條第一項之規定怠於申報或信託投資公司之董事或職員違反第一百零八條之規定參與決定者，各處新臺幣十五萬元以上一百八十萬元以下罰鍰。

第一百二十九條　有左列情事之一者，處十五萬元以上一百八十萬元以下罰鍰:

一、違反第二十一條、第二十二條或第五十七條規定者。

二、違反第二十五條規定發行股票或持有超過規定標準股份者。

三、違反第二十八條規定對資本、營業及會計不為劃分者。

四、違反中央主管機關依第三十三條之三或第三十六條規定所為之限制者。

五、違反中央主管機關依第四十三條規定所為之通

知，未於限期內調整者。

六、違反中央主管機關依第四十四條第一項規定所爲
　　之限制者。

七、未依第一百零八條第二項之規定報核者。

八、違反第一百十條第四項之規定，未提特別準備金
　　者。

九、違反第一百十五條第一項募集共同信託基金者。

第一百三十條　有左列情事之一者，處新臺幣九萬元以上一百二十萬
元以下罰鍰：

一、違反中央銀行依第四十條所爲之規定而放款者。

二、違反第七十二條、第八十二條或中央主管機關依
　　第九十九條第三項所爲之規定而放款者。

三、違反第七十五條或第八十三條之規定而爲投資
　　者。

四、違反第一百零九條之規定運用資金者。

五、違反第一百十一條之規定者。

第一百三十一條　有左列情事之一者，處新臺幣三萬元以上六十萬元以
下罰鍰。

一、違反第三十四條之規定吸收存款者。

二、違反第四十五條、第四十九條或第一百十四條之
　　規定，不申報營業書表或不爲公告或報告者。

第一百三十二條　違反本法或中央主管機關或中央銀行依本法所爲之規
定者，除本法另有規定外，處新臺幣三萬元以上六十
萬元以下罰鍰。

第一百三十三條　第一百二十九條至第一百三十二條所定罰鍰之受罰人

　　　　　　　　爲銀行或其分行。

　　　　　　　　銀行或其分行經依前項受罰後，對應負責之人有求償
　　　　　　　　權。

第一百三十四條　本法所定罰鍰，由主管機關依職權裁決之。受罰人不
　　　　　　　　服者，得依訴願及行政訴訟程序，請求救濟。在訴願
　　　　　　　　及行政訴訟期間，得命提供適額保證，停止執行。

第一百三十五條　罰鍰經限期繳納而逾期不繳者，自逾期之日起，每日
　　　　　　　　加收滯納金百分之一；逾三十日仍不繳納者，移送法
　　　　　　　　院強制執行，並得由中央主管機關勒令該銀行或分行
　　　　　　　　停業。

第一百三十六條　銀行經依本章規定處罰後，於規定限期內仍不予改正
　　　　　　　　者，得對其同一事實或行爲再予加一倍至五倍處罰。
　　　　　　　　其屢違而情節重大者，並得責令限期撤換負責人或撤
　　　　　　　　銷其許可。

第九章　附　　則

第一百三十七條　本法施行前，未經申請許可領取營業執照之銀行，或
　　　　　　　　其他經營存放款業務之類似銀行機構，均應於中央主
　　　　　　　　管機關指定期限內，依本法規定，補行辦理設立程
　　　　　　　　序。

第一百三十八條　本法公布施行後，現有銀行或類似銀行機構之種類及
　　　　　　　　其任務，與本法規定不相符合者，中央主管機關應依
　　　　　　　　本法有關規定，指定期限命其調整。

第一百三十九條　依其他法律設立之銀行或其他金融機構，除各該法律
　　　　　　　　另有規定者外，適用本法之規定。

　　　　　　　　前項其他金融機構之管理辦法，由行政院定之。

第一百三十九條之一　本法施行細則，由中央主管機關定之。

第一百四十條　本法自公布日施行。

　　　　　　　　本法修正條文第四十二條施行日期，由行政院定之。

三民大專用書書目——法律

中國憲法新論	薩 孟 武 著	前臺灣大學
中國憲法論	傅 肅 良 著	中 興 大 學
中華民國憲法論（最新版）	管 歐 著	東 吳 大 學
中華民國憲法概要	曾 繁 康 著	前臺灣大學
中華民國憲法逐條釋義㈠～㈣	林 紀 東 著	前臺灣大學
比較憲法	鄒 文 海 著	前政治大學
比較憲法	曾 繁 康 著	前臺灣大學
美國憲法與憲政	荊 知 仁 著	前政治大學
國家賠償法	劉 春 堂 著	輔 仁 大 學
民法總整理（增訂版）	曾 榮 振 著	律 師
民法概要	鄭 玉 波 著	前臺灣大學
民法概要	劉 宗 榮 著	臺 灣 大 學
民法概要	何孝元著、李志鵬修訂	司法院大法官
民法概要	董 世 芳 著	實 踐 學 院
民法總則	鄭 玉 波 著	前臺灣大學
民法總則	何孝元著、李志鵬修訂	
判解民法總則	劉 春 堂 著	輔 仁 大 學
民法債編總論	戴 修 瓚 著	
民法債編總論	鄭 玉 波 著	前臺灣大學
民法債編總論	何 孝 元 著	
民法債編名論	戴 修 瓚 著	
判解民法債篇通則	劉 春 堂 著	輔 仁 大 學
民法物權	鄭 玉 波 著	前臺灣大學
判解民法物權	劉 春 堂 著	輔 仁 大 學
民法親屬新論	陳棋炎、黃宗樂、郭振恭著	臺 灣 大 學
民法繼承	陳 棋 炎 著	臺 灣 大 學
民法繼承論	羅 鼎 著	
民法繼承新論	黃宗樂、陳棋炎、郭振恭著	臺灣大學等
商事法新論	王 立 中 著	中 興 大 學
商事法		

三民大專用書書目——經濟・財政

書名	作者	任職機構
平均地權	王全祿 著	內政部
運銷合作	湯俊湘 著	中興大學
合作經濟概論	尹樹生 著	中興大學
農業經濟學	尹樹生 著	中興大學
凱因斯經濟學	趙鳳培 譯	政治大學
工程經濟	陳寬仁 著	中正理工學院
銀行法	金桐林 著	華南銀行
銀行法釋義	楊承厚 編著	銘傳管理學院
銀行學概要	林葭蕃 著	
商業銀行之經營及實務	文大熙 著	
商業銀行實務	解宏賓 編著	中興大學
貨幣銀行學	何偉成 著	中正理工學院
貨幣銀行學	白俊男 著	東吳大學
貨幣銀行學	楊樹森 著	文化大學
貨幣銀行學	李穎吾 著	臺灣大學
貨幣銀行學	趙鳳培 著	政治大學
貨幣銀行學	謝德宗 著	臺灣大學
現代貨幣銀行學（上）（下）（合）	柳復起 著	澳洲新南威爾斯大學
貨幣學概要	楊承厚 著	銘傳管理學院
貨幣銀行學概要	劉盛男 著	臺北商專
金融市場概要	何顯重 著	
現代國際金融	柳復起 著	新南威爾斯大學
國際金融理論與制度（修訂版）	歐陽勛、黃仁德 編著	政治大學
金融交換實務	李麗 著	中央銀行
財政學	李厚高 著	逢甲大學
財政學	顧書桂 著	
財政學（修訂版）	林華德 著	臺灣大學
財政學	吳家聲 著	經建會
財政學原理	魏萼 著	臺灣大學
財政學概要	張則堯 著	前政治大學
財政學表解	顧書桂 著	
財務行政（含財務會審法規）	莊義雄 著	成功大學
商用英文	張錦源 著	政治大學
商用英文	程振粵 著	臺灣大學
貿易英文實務習題	張錦源 著	政治大學
貿易契約理論與實務	張錦源 著	政治大學

貿易英文實務	張錦源 著	政治大學
貿易英文實務題解	張錦源 著	政治大學
信用狀理論與實務	蕭啟賢 著	輔仁大學
信用狀理論與實務	張錦源 著	政治大學
國際貿易	李穎吾 著	臺灣大學
國際貿易	陳正順 著	臺灣大學
國際貿易概要	何顯重 著	
國際貿易實務詳論（精）	張錦源 著	政治大學
國際貿易實務	羅慶龍 著	逢甲大學
國際貿易理論與政策（修訂版）	歐陽勛、黃仁德編著	政治大學
國際貿易原理與政策	康信鴻 著	成功大學
國際貿易政策概論	余德培 著	東吳大學
國際貿易論	李厚高 著	逢甲大學
國際商品買賣契約法	鄧越今編著	外貿協會
國際貿易法概要	于政長 著	東吳大學
國際貿易法	張錦源 著	政治大學
外匯投資理財與風險	李麗 著	中央銀行
外匯、貿易辭典	于政長編著 張錦源校訂	東吳大學 政治大學
貿易實務辭典	張錦源編著	政治大學
貿易貨物保險（修訂版）	周詠棠 著	中央信託局
貿易慣例——FCA、FOB、CIF、 CIP 等條件解說	張錦源 著	政治大學
國際匯兌	林邦充 著	政治大學
國際行銷管理	許士軍 著	臺灣大學
國際行銷	郭崑謨 著	中興大學
國際行銷（五專）	郭崑謨 著	中興大學
國際行銷學	陳正男 著	成功大學
行銷學通論	龔平邦 著	前逢甲大學
行銷學	江顯新 著	中興大學
行銷管理	郭崑謨 著	中興大學
行銷管理	陳正男 著	成功大學
海關實務（修訂版）	張俊雄 著	淡江大學
美國之外匯市場	于政長 譯	東吳大學
保險學（增訂版）	湯俊湘 著	中興大學
保險學概要	袁宗蔚 著	政治大學

三民大專用書書目——政治・外交